L'ÉPREUVE
LA DISPUTE
LES ACTEURS DE BONNE FOI

MARIVAUX

L'ÉPREUVE
LA DISPUTE
LES ACTEURS
DE BONNE FOI

Édition établie
par
Jean GOLDZINK

GF Flammarion

© 1991, FLAMMARION, Paris, pour cette édition.
ISBN : 2-08-070616-0

INTRODUCTION

Ce volume du Théâtre choisi de Marivaux contient trois pièces en un acte. Si *L'Épreuve* est très célèbre, les deux autres sont moins jouées. Mais cela ne préjuge pas de leur intérêt : à preuve l'extraordinaire écho que P. Chéreau a su tirer de *La Dispute*. C'est au demeurant un autre metteur en scène, G. Penchenat, qui, pour le tricentenaire de sa naissance, a eu l'idée heureuse, l'idée originale, de monter (en partie sous forme de « lectures » qui sont bien plus que des lectures) le cycle intégral des pièces en un acte.

C'était devenu, au XVIIIᵉ siècle, une habitude (plus : une exigence bruyante du public) d'accompagner les grandes pièces (tragédies et comédies en cinq actes, qui datent de la Renaissance) par une petite (en un acte, voire en trois). Les premiers historiens du théâtre, au XVIIIᵉ (siècle qui voit naître cette discipline), font de Scarron le père de la comédie en un acte, pour ses *Boutades du Capitan Matamore* (publiées en 1647). Mais c'est Molière qui, selon eux, imposa vraiment cette innovation : n'a-t-il pas écrit neuf pièces en trois actes, sept en un acte, soit seize petites comédies (selon les critères d'alors) sur vingt-sept ? Les chiffres parlent d'eux-mêmes[1] : le pourcentage des représentations avec petite pièce, au Théâtre-

1. J'emprunte ces renseignements historiques au livre magistral d'Henri Lagrave (voir la Bibliographie, p. 271).

Français, passe, entre 1680 et 1700, de 43 % à 83 % !
Et, sauf entre 1720-1730 (où il dépasse de peu...
70 %), il se maintient toujours, au XVIIIe, au-dessus de
80 % (98 % entre 1745 et 1750, lorsque la Comédie-
Française obtint la fermeture du Théâtre de la Foire ;
plus de 90 % de 1730 à 1750).

S'il en allait ainsi chez les Comédiens du Roi, on
s'imagine bien que les Italiens et le Théâtre de la Foire
(Foires de Saint-Germain et de Saint-Laurent), dit
Opéra-Comique depuis 1715, faisaient encore plus
gourmande consommation de petites pièces. Jouées
séparément (par trois ou quatre), ou réunies par un
prologue, agrémentées ou non de ballets, de feux
d'artifice (ceux des Italiens étaient réputés), elles
pouvaient même composer, sous le nom d'ambigu-
comique, un spectacle à part entière : l'idée en revient
apparemment à Lesage, passé avec armes et bagages
de la scène officielle à la Foire. La Comédie-Française
s'y essaya elle aussi, entre 1725 et 1747, mais sans
grande conviction : la petite pièce, ici, et souvent
même chez les Italiens, accompagne la grande pièce et
la soutient (Voltaire, poète ombrageux, qui allait
jusqu'à rêver de débarrasser la tragédie de son intrigue
amoureuse, refusa le concours d'une petite pièce
comique lors de la création de *Zaïre*, le 13 août 1732 !).

Friands, comme les théâtres privés de la Foire, de
pièces en un acte vite troussées, accordées à l'actualité,
les Italiens, rappelés en France dès 1716 pour jouer
leur répertoire national, ont pu ainsi réaliser ce tour de
force paradoxal : créer plus de pièces en français que
la Comédie-Française ! (234 pièces en un acte, sur 348
créations, contre 111 ; 114 grandes pièces contre 155).

Si les auteurs y trouvent leur compte (avec 1/18 des
recettes pour un acte et 1/9 pour cinq, deux petites
pièces rapportent autant qu'une grande), comment
s'expliquer l'engouement séculaire et tapageur du
public, notamment du public populaire ? C'est que la
petite pièce en fin de spectacle répond au désir du
comique, d'un comique franc qui choque le goût des
spectateurs délicats et des critiques. Car rien n'est plus

funeste que de confondre rire et comique. Le XVIIIe siècle cherche de toutes ses forces à purifier le comique, à le délester de ses pulsions farcesques, fâcheusement populaires, à adoucir le rire en sourire. Le comique, le rire : question esthétique, question sociale. Il suffit, pour s'en convaincre, de lire l'article « Farce » des *Éléments de littérature* de Marmontel (1787). D'où la valeur provocatrice de la fameuse Préface du *Mariage de Figaro* : « J'ai tenté [...] de ramener au théâtre l'ancienne et franche gaieté ». Or, « qu'il s'agisse de satire de mœurs, de " dancourades ", de pièces " à tiroirs ", de prologues, de pièces critiques ou polémiques, de petits opéras comiques ou de parodies, la farce s'y insinue toujours, sauf de rares exceptions » (H. Lagrave, ouv. cité, p. 359).

On peut donc poser aux pièces en un acte de Marivaux une première question : lui offrent-elles l'occasion de libérer une veine comique que briderait le prétendu « marivaudage » des grandes comédies ? La réponse ne fait aucun doute : non, les petites pièces de Marivaux ne sont ni plus ni moins comiques que les grandes. Les recherches historiques l'ont bien montré, c'est du côté de Destouches, fournisseur attitré du Français, et nullement de Marivaux, qu'il faut chercher cet idéal de comique épuré, tamisé, feutré, dont semble rêver l'élite des Lumières. Le « marivaudage », cet élégant badinage qui a si longtemps pesé sur l'interprétation de Marivaux, appartient de plein droit à l'héritage de la Comédie-Française. De l'autre côté du Rhin, au XVIIIe siècle, les Allemands en quête de modèles français ne s'y sont pas trompés (voir J. Lacant). À la différence de Beaumarchais, qui change de style lorsqu'il passe des parades privées aux comédies publiques, et du drame à la comédie, Marivaux maintient inflexiblement, des petites pièces aux grandes, une même tonalité, une même écriture. Les variations de longueur ne modifient en rien sa manière d'écrire pour le théâtre : aussi rigoureuse, aussi incisive, aussi raffinée, aussi comique.

Est-ce à dire alors que la pièce en un acte résulte d'un travail d'amputation portant par exemple sur le nombre de personnages, leurs rapports, sur l'intrigue ? On se convaincra sans peine du contraire. Qu'on examine *L'Épreuve* : pas moins de rôles que dans *Le Jeu de l'amour et du hasard* (six) et, tout au contraire, une structuration sociale bien plus complexe : un roturier millionnaire, la concierge du château et sa fille, deux valets (de la ville et des champs), un riche fermier trop riche pour Lisette, pas assez pour Angélique. *Les Acteurs de bonne foi* mêlent également maîtres, valets et paysans, *La Dispute* la Cour, les serviteurs et les six adolescents. Ainsi se dessine, dans nos trois pièces, l'opposition de deux mondes : la ville et la campagne dans *L'Épreuve* et *Les Acteurs*, la Cour et la Nature dans *La Dispute*. Marivaux parvient même à glisser des indications discrètes mais subtiles sur les rapports de certains personnages (Éraste et Mme Amelin, Mme Amelin et Mme Argante dans *Les Acteurs*, Angélique et sa mère, Frontin et Lisette dans *L'Épreuve*). Quant à l'intrigue, il est clair que Marivaux peut en tirer à volonté un acte ou trois : question d'inspiration, non de structure. Constatons qu'à partir de 1737 (année des *Fausses Confidences*), il n'écrit plus que des pièces en un acte [1]. Au demeurant, la brièveté n'est · pas gage de simplicité, comme le prouve le dispositif redoublé, voire un peu embarrassé, des *Acteurs de bonne foi*. Ce n'est pas du côté de la machine intrigante et des péripéties motorisées que Marivaux avait jamais tourné ses efforts ni puisé ses ressources.

Plutôt donc que de simplification (par soustraction), on parlera plus volontiers d'un procès de condensation. La pièce en un acte condense la dramaturgie marivaudienne, sans rien détruire de ses prestigieuses qualités et de leur exact équilibre. D'où la fascination que peut exercer cette concentration, cette mise à nu des structures essentielles de son théâtre.

---

1. De longueur inégale, comme on peut le voir sur *L'Épreuve* et *La Dispute*.

Car la petite pièce parvient même, ce n'est pas le moins émouvant, à se servir de l'épuisement créateur, qui pousse Marivaux, dans *La Dispute*, à dramatiser et allégoriser son anthropologie, à fictionnaliser, dans *Les Acteurs*, sa dramaturgie. Ces deux petits actes se font alors miroirs grossissants, mais non déformants, du système marivaudien : épures dénudées, où le théâtre veut se dire directement sans renier son langage propre (sans refaire *L'Impromptu de Versailles*) ; où il ne peut s'écrire qu'en faisant retour sur lui-même.

Qu'il y ait, chez Marivaux, à partir des années 1740, affaiblissement de l'énergie créatrice, ce n'est guère douteux, et somme toute compréhensible après un tel effort. L'entrée à l'Académie, en 1742 (contre Voltaire !), sert de caution à ce retrait discret, mais pas forcément serein. N'empêche que *L'Épreuve*, *La Dispute* et le début des *Acteurs* témoignent, chez le vieil artiste fatigué, d'une incroyable virtuosité, et de ce souci, propre aux grands créateurs, à Marivaux en tout cas, de ne pas se répéter. Aucune de nos trois pièces n'a en effet la même structure. *La Dispute*, allégorie anthropologique, s'organise comme une leçon d'histoire naturelle sur cobayes humains, et met en scène, presque à l'état pur, la structure du double registre naguère décrite par Jean Rousset : personnages-spectateurs (Le Prince, Hermiane), personnages acteurs et observés (les adolescents). Reste que les deux serviteurs au service de la philosophie expérimentale et princière interviennent, par leurs commentaires et leurs conseils, dans l'expérience et compliquent ce schéma idéal. On sera assez tenté de définir *L'Épreuve*, ce pur chef-d'œuvre, comme une pièce en trois actes pour le prix d'un : d'où, peut-être, une première explication, à l'évidence trop simple, et sans doute impertinente, de son immense succès. *Les Acteurs de bonne foi*, quant à eux, proposent une structure dédoublée (comédie des valets, comédie des maîtres), dont le deuxième moment, plus convenu, ne tient pas tout à fait les promesses éblouissantes du départ. Si la pièce en un acte demande moins d'efforts, elle n'implique, par elle-même, aucune contrainte esthétique qui la ramènerait à un moule uniforme.

Mais nos pièces révèlent aussi, dans leur diversité si frappante, l'importance de cette figure dramaturgique qui donne son titre à la plus célèbre. Toutes trois peuvent se lire comme des épreuves, comme trois parcours de l'épreuve. Qu'est-ce qu'une épreuve ? Le *Dictionnaire de Trévoux* nous propose cette définition : « Nous confondons tous les jours ces trois mots, *épreuve, essai, expérience,* et dans tous les dictionnaires on les définit l'un par l'autre quoiqu'ils [...] expriment trois manières différentes dont nous acquérons la connaissance des objets. *L'épreuve* est proprement la manière de s'assurer si une chose a les qualités qu'on lui attribue [...]. *L'épreuve* [...] a plus de rapport à la qualité des choses, elle instruit de ce qui est bon ou mauvais [...]. Elle est le remède contre l'erreur et la fourberie. *L'expérience* regarde proprement la vérité des choses, et *l'essai* leur usage » (cité d'après le *Robert*). Voilà, on l'avouera, une définition qui a le mauvais goût de ne pas trop s'accorder à l'interprétation sadienne de Marivaux ! Car on ne sache pas que les bourreaux sadiens se soucient d'éprouver la qualité profonde de leurs victimes...

L'enjeu commun de toutes ces épreuves ne se dissimule pas : il s'agit, chaque fois, de tester sur le mode comique l'inconstance humaine. Cette inconstance dont l'Ancien Testament nous dit, avec quelle véhémence, qu'elle met Dieu en colère, mais que les Lumières, et Marivaux, préféreraient envisager comme un fait plutôt que comme une faute. Est-il même impossible de deviner, derrière les fluctuations du désir, la main invisible d'une secourable Providence, soucieuse du peuplement de la Terre et de la conservation de l'espèce ? Rousseau lui-même n'hésite pas à considérer la naturelle pudeur des femmes comme une invention de la nature pour enflammer le désir masculin sans choquer la morale ! (*Émile*, livre V).

La morale en moins, voici ce qu'en pense apparemment Marivaux : « Si l'amour se menait bien, on
n'aurait qu'un amant ou qu'une maîtresse en dix ans ;
et il est de l'intérêt de la nature qu'on en ait vingt, et
davantage » (*J.O.D.*, Garnier, p. 344). Mais attention ! Marivaux se garde bien de parasiter son théâtre
de telles considérations philosophiques, dont il estime
manifestement qu'elles n'y ont rien à faire. Ce moraliste a horreur des tirades morales débitées aux feux de
la rampe. Tout se passe comme si la réflexion morale
ne pouvait toucher l'âme que dans l'acte intime et
singulier de la lecture solitaire : c'est l'affaire des
journaux, des romans. On s'imagine assez bien ce
qu'il a pu penser des *Entretiens sur le Fils naturel*
(1757), où Diderot ne propose pas moins, pour
obtenir la délicieuse contagion de la vertu par les
larmes, que de substituer la scène à la chaire, l'acteur
(régénéré) au prédicateur discrédité ! C'est tout juste
s'il se permet, par la bouche d'Hermiane, de conclure
La Dispute sur ces quelques mots frémissants, et qui
ne sauraient donc servir d'épigraphe à son théâtre,
sauf à assombrir délibérément (pour quel profit ?) une
des plus belles entreprises comiques de la littérature
universelle : « Croyez-moi, nous n'avons pas lieu de
plaisanter. Partons. » Rien n'empêche évidemment le
spectateur, surtout s'il est porté à la morosité en fin de
soirée, de se faire à son tour cette réflexion furtive
après la tombée du rideau sur une pièce de Marivaux ;
mais tout lecteur des *Journaux et œuvres diverses* ou des
romans de la maturité devra convenir que Marivaux,
en bon professionnel du théâtre (comique), et par
égard précisément pour la morale, se garde strictement d'une telle confusion des genres. Qu'on relise au
besoin sa critique des *Lettres persanes*, et qu'on se
souvienne qu'il voulut répondre aux *Lettres philosophiques*, deux ouvrages typiques du nouvel esprit philosophique, coupables à ses yeux d'irresponsabilité dans
leur satire railleuse et facile de l'Église et de la
religion.

   Je ne prétends nullement délester l'œuvre théâtrale

de tout enjeu. Mais qui veut bien faire l'essai de la lire en oubliant un instant Sade, Marx et Freud (c'est beaucoup demander, j'en conviens), admettra peut-être que Marivaux pratique une très rigoureuse distinction des genres. Comment ne pas voir que des journaux aux romans, des romans aux pièces, l'énoncé moral, si explicite dans les *Journaux et œuvres diverses*, se dilue et s'ambiguïse dans des stratégies d'écriture manifestement spécifiques ? Et que donc l'enjeu moral des pièces de théâtre ne se livre pas directement (sauf en quelques rares pièces comme *L'Île des esclaves*), qu'il passe par des figurations proprement théâtrales, souvent indécidables en termes de morale (et donc de philosophie). Rien peut-être ne le montre mieux que *Les Acteurs de bonne foi*.

L'inconstance s'y joue d'abord entre valets, à l'initiative délibérée (et sans enjeu exprimé) de Merlin, sous couvert d'une répétition à l'impromptu qui inscrit le théâtre dans le théâtre. La gratuité affichée de la décision (Marivaux se garde, à l'inverse de *L'Épreuve*, de la moindre motivation), renvoie alors au plaisir de jouer, au plaisir donc du spectateur, et, en sous-main, à l'inconstance « naturelle » de l'être humain, dont *La Dispute* nous donne l'illustration directe, allégorique. Merlin est-il bon, est-il méchant ? La question n'a évidemment à peu près aucun sens, et ne sert qu'à éteindre le bonheur du spectateur sans aucun profit pour la morale, dont Marivaux se fait sans doute une plus haute idée. Cette étourdissante répétition nous ôte-t-elle un seul instant l'envie de plaisanter, nous donne-t-elle l'envie de partir qui saisit Hermiane ? La singularité du théâtre comique tel que Marivaux le conçoit, c'est précisément d'en expulser presque radicalement les interrogations morales, ces interrogations si brûlantes, si éloquentes dans les *Journaux et œuvres diverses*, et qui vont faire un retour si violent dans le drame bourgeois.

Mais en va-t-il tout à fait de même pour l'inconstance des maîtres, mise en branle par Mme Amelin ? Il s'agit cette fois de mettre à l'épreuve Mme Argante, qui prétend, sous prétexte de... morale, condamner... le théâtre ! Cette deuxième manigance fait donc la leçon à une rigueur, à une raideur puritaine, fondée sur le préjugé et la convention, nullement sur la délicatesse de cœur et l'ouverture à autrui. Mme Argante rejoint la cohorte des mères marivaudiennes, autoritaires et égoïstes ; derrière Mme Amelin, qui n'en a évidemment pas le rayonnement, se profilent, très ombrées, les figures de Mme de Miran et de Mme Dorsin, dans *La Vie de Marianne*.

Voilà donc l'épreuve et la feinte de l'inconstance au service de valeurs très profondes, très essentielles, discrètement dissimulées, à peine perceptibles, derrière l'enjeu proprement dramaturgique d'un divertissement à jouer ou à ne pas jouer.

Mais pourquoi ne parlerait-on pas aussi d'une « perversité », d'une « cruauté » de Mme Amelin, qui se vengerait sur son neveu de l'amour qu'il porte à Angélique, sur Araminte des ravages de l'âge mal acceptés, sur Mme Argante de la disproportion des fortunes mal masquée par l'amical projet de vivre ensemble ? Ces sous-motifs se devinent sans trop d'effort ; ils dessinent les rapports spécifiques de chaque pièce, et incitent parfois le metteur en scène à les imaginer quand le texte se tait (P. Chéreau dans sa mise en scène de *La Dispute*, à propos d'Hermiane et du Prince) ; ils donnent à chaque épreuve sa coloration singulière. Il ne suffit pourtant pas de dire qu'ils n'ont aucun rapport, sinon imaginaire et de chic, avec l'univers sadien, ses configurations tragico-comiques et ses provocations philosophiques boursouflées. La question est de savoir comment accorder une vision noire de l'épreuve, si à la mode dans la critique et la mise en scène, et ce double visage de Mme Amelin, chargée de défendre le théâtre et une morale de générosité par le mensonge. Force est bien d'admettre qu'à vouloir aborder l'épreuve (et le théâtre de Marivaux) en moraliste (quelque masque prétendûment « moderne » dont on s'affuble), on aboutit à des apories stériles ; on court sans cesse le risque d'exté-

nuer le comique, sans bénéfice visible pour la morale
et la philosophie — précisément parce que ce théâtre
refuse avec une force et une aisance incroyables la
tentation, qui fera le drame bourgeois, de nouer le
théâtre et la morale. Parce que le comique y transmue
en pur plaisir esthétique, en fête du langage et de
l'esprit, les petites vilenies et les petites douleurs,
toujours renaissantes, toujours passagères, de nos
cœurs amoureux. Marivaux et Sade ? Allons donc !
Quelle dérision pour les rages, les frustrations et les
revanches sadiennes ! Quelle chape de plomb sur les
rêves de Marivaux — de Marivaux homme de théâtre !

Mais Marivaux et Mozart, oui ! Qui nous font
entendre la langue des dieux, si les dieux rient encore,
et s'enchantent, si haut, si loin, de nos manèges
transfigurés dans leur prunelle céleste.

C'est cette distance, ce qui s'allège et se dissout en
elle, que le sérieux moderne supporte mal. Bonté,
cruauté, noirceur, sensualité, Freud, Marx, Sade,
l'optique et la machine, etc., tout est bon pour
ramener Marivaux parmi nous, pour convertir le
comique en gravité, le jeu en enjeu. Oui, le travail de
P. Chéreau sur *La Dispute* est bien l'emblème de
l'esprit moderne et de ce qui, chez Marivaux écrivain
de théâtre, nous fascine et nous trouble : mieux vaut
Sade, mille fois, que le sourire de Bouddha.

Jean GOLDZINK.

N.B. Chaque pièce est précédée d'une présentation.

NOTE SUR LA PRÉSENTE ÉDITION

AVEC UNE PETITE DIGRESSION SUR LA PONCTUATION

Nous suivons ici les mêmes principes que dans le volume précédent. En l'absence de manuscrits, la sagesse est de reproduire au plus près la première édition, sans tomber dans une piété archéologique, qui risque de momifier les manies et bévues de l'imprimeur bien plus que les choix de Marivaux. L'orthographe est évidemment modernisée. La ponctuation, sauf retouches inévitables, s'efforce à la fidélité. Il vaut peut-être la peine d'insister sur la question cruciale, mais scabreuse, de la ponctuation. Depuis F. Deloffre, les textes de Marivaux ont été enfin débarrassés des scories qui s'y étaient accumulées et répétées jusqu'à lui. Mais le problème de la ponctuation demeure à peu près entier. Deux choix évitent les cas de conscience : la modernisation décidée, et la reproduction à l'identique de l'édition originale. Cette dernière solution choque brutalement nos habitudes, et devient déraisonnable hors des éditions savantes. La modernisation naturalise l'arbitraire. Or il est peut-être moins grave, au théâtre, de toucher à quelques mots que d'altérer le rythme des phrases, la respiration du texte. Un exemple (on les multipliera sans peine) vaudra de longs discours. Soit ce passage de la scène XVIII de *L'Épreuve*, en trois versions : celle de l'originale, celle de F. Deloffre, et celle de la présente édition.

ANGÉLIQUE. — Quoi, vous aussi, Lisette, vous m'accablez, vous me déchirez, eh que vous ai-je fait ? Quoi, un homme qui ne songe point à moi, qui veut me marier à tout le monde, et je l'aimerois ? Moi, qui ne pourrois pas le souffrir s'il m'aimoit, moi qui ai de l'inclination pour un autre, j'ai donc le cœur bien bas, bien misérable ; ah que l'affront qu'on me fait m'est sensible ! (édition de 1740).

ANGÉLIQUE. — Quoi ! vous aussi, Lisette ? Vous m'accablez, vous me déchirez. Eh ! que vous ai-je fait ? Quoi ! un homme qui ne songe point à moi, qui veut me marier à tout le monde, et je l'aimerais, moi, qui ne pourrais pas le souffrir s'il m'aimait, moi qui ai de l'inclination pour un autre ? J'ai donc le cœur bien bas, bien misérable ; ah ! que l'affront qu'on me fait m'est sensible ! (édition de F. Deloffre, p. 539).

ANGÉLIQUE. — Quoi, vous aussi, Lisette, vous m'accablez, vous me déchirez, eh, que vous ai-je fait ? Quoi, un homme qui ne songe point à moi, qui veut me marier à tout le monde, et je l'aimerais ? Moi, qui ne pourrais pas le souffrir s'il m'aimait, moi qui ai de l'inclination pour un autre, j'ai donc le cœur bien bas, bien misérable ; ah ! que l'affront qu'on me fait m'est sensible ! (présente édition).

Qu'on m'entende bien : je ne prétends nullement que ma version soit meilleure que la leçon de F. Deloffre. Mais le retour à l'édition première m'oblige, tant que je ne bute pas sur une absurdité manifeste. A quoi bon s'acharner à traquer les interpolations intempestives, à revenir aux mots de la partition originale, si c'est pour la jouer sur un rythme bien différent ? Tel est le véritable enjeu de ces scrupules. Il s'agit, en vérité, de savoir si l'on gagne à segmenter systématiquement le texte marivaudien, comme le fait F. Deloffre, par une ponctuation forte (points et points-virgules, points d'exclamation), ou s'il vaut mieux, dans l'esprit de l'édition originale, lui rendre l'ampleur et le rythme d'une respiration plus vive et plus spontanée. La correction académique ne perd pas au premier parti, mais il n'est pas indécent d'aimer aussi un Marivaux cheveux au vent, un peu ébouriffé.

Le moment est venu, le lecteur l'a déjà deviné, d'un second exemple. Soit la scène V des *Acteurs de bonne foi*, où nous écouterons la piquante Colette en deux versions :

> COLETTE. — Eh bian ! oui, je lui plais ; je nous plaisons tous deux ; il est garçon, je sis fille ; il est à marier, moi itou ; il voulait de Mademoiselle Lisette, il n'en veut pus ; il la quitte, je te quitte ; il me prend, je le prends. Quant à ce qui est de vous autres, il n'y a que patience à prenre. (Deloffre).

> COLETTE. — Eh bian oui, je lui plais, je nous plaisons tous deux, il est garçon, je sis fille, il est à marier, moi itou, il voulait de Mademoiselle Lisette, il n'en veut pus, il la quitte, je te quitte, il me prends, je le prends, quant à ce qui est de vous autres, il n'y a que patience à prenre. (présente édition).

Il me semble que la ponctuation originale ajoute ici, comme en maints autres passages, un sel comique supplémentaire.

L'éditeur des pièces de Marivaux, s'il veut retourner au texte original sans le reproduire tel quel, brut et quasi sauvage, court donc de cas de conscience en cas de conscience. Mais je le répète assez dans ce volume : ne tournons pas en douleur ce qui fut, amoureusement, créé pour notre plaisir. Disputons donc, comme disputent les « agriables criatures » qui peuplent les rêves marivaudiens. Jouons à la dispute, pour faire semblant de faire semblant.

Les astérisques renvoient à un glossaire à la fin du volume.

« Tortionnaire », « bourreau », « abominable » machinateur d'une « odieuse violence », « mufle ou goujat », etc. : est-ce bien une comédie en un acte de Marivaux qui excite, chez tant de commentateurs, de si vifs émois ? *L'Épreuve* est à la fois la pièce la plus jouée après *Le Jeu de l'amour et du hasard,* et celle qui semble le mieux titiller le goût moderne d'un théâtre de la cruauté (comme s'il existait un théâtre tendre !). Les détours de la création théâtrale veulent pourtant qu'elle n'ait pas suscité jusqu'ici de mise en scène mémorable. Quelque chose, dans le texte, résisterait-il à tant de bonnes intentions ? On se gardera d'une conclusion à coup sûr hâtive. Mieux vaut souligner que cette pièce célèbre et discutée est aussi une des plus comiques : rarement Marivaux se sera autant amusé qu'avec Maître Blaise. Mais comme rien n'interdit de supposer que le comique se charge de compenser la violence de la situation, et que donc il pourrait bien la mesurer, il faut commencer par le fameux Lucidor.

Les délicatesses d'un bourreau

Pourquoi le jeune roturier riche à millions [1], tout fraîchement installé dans son nouveau château de la

---

1. Un revenu annuel d'environ 2 000 000 F actuels !

région parisienne, oisif comme il convient dans une
société aristocratique, promis au sang pur des belles
aristocrates désargentées, soumet-il la fille de sa
concierge à l'épreuve qui indigne notre siècle délicat ?
Parce que la convention et le système dramaturgique
marivaudien veulent qu'il l'aime, et que l'amour porte
bague. Mais Frontin ne manque pas d'inscrire, dès la
scène 1, la trajectoire d'un tel désir ancillaire en
société réelle : « Nous serons donc trois [vous, elle et
moi], vous traitez cette affaire-ci comme une partie de
piquet » / « le minois dont vous parlez là est-il fait
pour vous appartenir en légitime mariage ? Riche
comme vous êtes, on peut se tirer de là à meilleur
marché, ce me semble. » Pour plus de détails sur ces
marchés, on peut lire *Monsieur Nicolas*, de Rétif de la
Bretonne (Bibliothèque de la Pléiade, t. 1, le séjour à
Auxerre).

Notre jeune millionnaire vertueux ignore-t-il,
comme tant de héros marivaudiens, qu'il aime et/ou
qu'on l'aime ? En aucune façon : *L'Épreuve* ne couve
nullement une naissance, une surprise de l'amour. Si
l'aveu ne s'en est pas fait, le corps a déjà parlé sa
langue silencieuse, éloquente. Plus instruit, Lucidor
retient encore son secret ; le « cœur simple, honnête et
vrai » d'Angélique se tait aussi, « sans vouloir cependant en faire un secret ; [il] n'en sait pas davantage ».
Lucidor veut donc voir et savoir, non pas si on l'aime,
il n'en doute pas, mais si l'amour, non dit bien que
signifié, résisterait à la tentation d'une fortune équiva-
lente par un mariage assuré. L'épreuve est bien celle
de l'inconstance, mais d'une inconstance fondée sur
l'attrait de l'argent, de l'ambition sociale, nullement
sur les fluctuations du désir amoureux (comme par
exemple dans *La Dispute*). Qu'on se garde de minimi-
ser cette figure de l'inconstance par ambition, dans
L'Épreuve pas plus que dans le théâtre marivaudien :
Blaise, Lisette, Mme Argante en disent assez, drôlement, perfidement, ou tyranniquement, la séduction.
On sait que cet attrait de l'argent signale, chez
Marivaux, l'être-valet, la conscience servile fascinée

par les concupiscences mondaines. La convention de
la comédie convertit donc la structure libertine,
référée par Frontin au hors-scène, en épreuve de
qualification à finalité morale : Angélique céderat-elle aux pulsions troubles de l'intérêt, qui trahirait
en elle une âme médiocre — l'âme d'une petite
concierge ?

La rétention de l'aveu, chez Lucidor, ne tient pas à
la difficulté habituelle de démêler ses sentiments, à la
timidité, à la peur d'affronter l'amour. C'est une
précaution, un calcul de la défiance, un enfant du
soupçon. L'homme riche veut être aimé pour lui-même. Serait-ce alors qu'il doute de l'amour d'Angélique, quoi qu'il dise ? Non. Il la sait sincère. Mais
comment pourrait-il être sûr qu'Angélique sache elle-même pourquoi elle l'aime ? qu'elle soit en mesure de
pénétrer son propre cœur, ce cœur qui, faute d'expérience, « n'en sait pas davantage » ? Écoutons-le :
« Tout sûr que je suis de son cœur, je veux savoir à
quoi je le dois. » Ne l'aimerait-elle pas, très sincèrement, très profondément, par pitié (il est tombé
malade), par fascination, par ambition inconsciente... ? Il n'est pas question ici de traquer à
l'aventure les pensées secrètes d'un être de papier.
C'est le texte explicite de Marivaux que je suis, dans
son souci manifeste de motiver clairement la décision
de Lucidor sans qu'elle le dégrade ni qu'elle témoigne
d'une incompréhension d'Angélique qui le dégraderait tout autant. Les motifs que nous donne Lucidor
se situent en ce point exact, subtil et paradoxal, où
peuvent se conjuguer la sincérité d'Angélique, l'évidence de son amour et la défiance tout aussi fondée et
délicate de Lucidor (comme on a l'estomac délicat).
Car il sait apparemment, comme Marivaux, que la
bonne foi n'est pas gage de vérité. Que le cœur a ses
détours et ses replis.

Autre chose est de se demander si la conscience
inquisitrice ne devrait pas avoir le bon sens de se faire
la dupe du cœur ; s'il est bien raisonnable, quand on
possède un hôtel parisien, un château et au moins

100 000 livres de rentes, de sonder si vivement les
cœurs simples qui vous aiment sans en savoir davantage [1] ; si un homme riche, si un prince, ne devraient
pas soupçonner que leur pouvoir de séduction s'incor-
pore l'argent et le pouvoir. Et qu'à vouloir être aimés
pour eux-mêmes, ils dépouillent les pauvres d'un de
leurs rares privilèges ! L'homme paré veut qu'on
désire l'homme nu : comble de la distinction, luxe des
êtres comblés par la vie. Sentimental, donc, le riche
Lucidor ; sentimental, parce qu'il a les moyens de
cette délicatesse interdite aux valets. Mais telle est
l'inflexible nécessité du système marivaudien que
l'aspiration sentimentale, avide de prouver la pureté
désintéressée de l'être aimé, n'a d'autre recours que
l'argent. C'est par l'argent (soigneusement chiffré !)
qu'on va tenter de se garantir des effets obscurs et
pervers de l'argent. Annuler l'insidieux attrait de
l'argent, c'est aussitôt en multiplier l'usage, comme le
montre admirablement la scène 2 : Lucidor y estime
apparemment à 7 000 livres [2] le prix de la différence,
pour un riche fermier, entre Lisette et Angélique, soit
le *pretium doloris* si Blaise perdait Angélique. S'assurer
(pour combien de temps ?) d'être aimé, c'est multiplier les simulacres de l'amour (Frontin, Blaise, le
portrait d'une Parisienne distinguée). Sonder la sincérité, c'est propager la feinte : fût-ce à la campagne, la
vérité ne sort pas toute nue du puits.

Avant de s'émouvoir et même de s'emporter, ne
devrait-on pas, au moins au seuil de la fable, s'égayer
de cette réjouissante logique ? Pourquoi au fond se

---

1. « Pourquoi les gens qui paient pour être aimés (et il y en a tant
de ces gens-là) aiment-ils plus longtemps que ceux que l'on aime
gratis ?

C'est qu'ils ne sont jamais bien sûrs qu'on les aime ; c'est qu'ils se
méfient toujours un peu d'un cœur qu'ils achètent, ils ne savent pas
s'il est livré, ils se flattent pourtant qu'ils l'ont ; mais ils se doutent
en même temps qu'ils pourraient bien se tromper ; et ce doute, qui
ne les quitte pas, fait durer le goût qu'ils ont pour la personne qu'ils
aiment » ; Marivaux, *Journaux et Œuvres diverses*, Garnier, p. 345.

2. Un peu plus de 10 % de ses revenus annuels...

refuser si obstinément à concevoir que Lucidor, plutôt qu'odieux, pourrait bien être d'abord sympathiquement comique ? Non que son désir de vérité (chez autrui...) soit dérisoire : les héros marivaudiens se jugent à cette exigence ombrageuse, sinon raisonnable. Mais comme nous ne sommes plus, depuis la Chute, au Monde vrai où langage et sentiments coïncident, toute quête du vrai aux feux de la rampe a chance de tourner vinaigre, installe la mascarade, prend l'allure d'équipée don quichottesque. Marivaux croirait-il naïvement qu'il est de l'intérêt d'une comédie d'être comique ?

De l'épreuve aux épreuves

Lucidor installe donc Frontin en rival de son maître. N'est-il pas plaisant (pour notre bonheur de spectateur friand de travestissements) de le voir convoquer, au lieu d'un ami qui ferait bien mieux l'affaire, son valet — auquel il ne promet, en cas de succès, qu'une piteuse déconfiture ? De le voir, sous prétexte de juste comptabilité des gains et pertes, pousser Blaise dans les bras de Lisette au moment même qu'il l'enrôle à l'improviste dans son scénario ? De le voir se fabriquer sous nos yeux un rival burlesque si peu crédible, pour le démotiver aussitôt en lui promettant 12 000 livres pour Lisette contre 5 000 avec Angélique — que ne fait-il l'inverse ? Paradoxe savoureux : dans cette vieille rivalité du valet urbain et du paysan simplet, c'est ce dernier qui écope d'une mission impossible, riche de promesses comiques : prétendre à la main d'Angélique, tout en s'activant auprès de Lisette, mais sans permission de s'expliquer et, enfin, comme si ce n'était pas assez, songer à faire à Angélique, le moment venu, en présence de Lucidor, le « petit reproche » d'aimer Lucidor !

Faut-il alors, devant tant d'inconséquences, supputer de sombres désirs, d'obscurs vertiges : un manque de confiance en soi (F. Deloffre) ; le vœu de se voir, de

« se sentir divinisé » (G. Marcel, cité dans Deloffre);
pourquoi pas, après tout, le voyeurisme de l'impuis-
sance, le désir et la crainte de livrer l'objet aimé à la
meurtrissure et au viol, etc. ? Je ne dis nullement que
de telles supputations nuisent au travail de l'acteur et
du metteur en scène. Je me demande seulement ici s'il
appartient au travail propre du critique d'entasser du
papier dans les trous du texte théâtral. S'il ne devrait
pas, plutôt que d'assener ses certitudes, cerner ces
vides. Reprenons notre exemple : tel acteur peut fort
bien tirer un type de jeu de l'hypothèse qui ferait de
Lucidor un riche malade de sa richesse ; un anxieux ;
un voyeur ; un impuissant ; un pervers, inquiet ou
détendu ; un tortionnaire ; un mufle, etc. Mais le
critique peut seulement constater qu'à l'instar de tant
de personnages de Marivaux, Lucidor voudrait savoir
ce qu'éprouve, ce qu'est réellement l'objet à aimer ;
que ce désir s'alimente d'une vision du monde comme
monde masqué, aux autres et à soi-même ; que
l'épreuve, c'est-à-dire le détour par le mensonge, finit
par rapprocher d'une vérité mieux assumée, mieux
partagée, à défaut d'être durable. Au-delà commen-
cent les suppositions, les constructions psychologi-
ques, sans doute inévitables, mais qu'on devrait peut-
être tenter de subordonner, dans l'analyse des pièces,
à des considérations plus fonctionnelles. On se demanderait alors non pas pour quels obscurs mobiles
Lucidor redouble Frontin par Blaise et l'engage dans
des exercices de corde raide si comiquement périlleux
(et si comiquement cyniques), mais pour quels bénéfices dramaturgiques. Ne serait-ce pas parce que ces
bénéfices sont hautement profitables, que la scène 2 se
révèle être la plus longue de la pièce ? Car, enfin,
l'épreuve d'Angélique n'a nul besoin de Blaise :
Frontin y suffit. Mais Frontin ne suffit pas pour écrire
la pièce brillamment comique, et pleinement structu-
rée (échos, contrastes...), que Marivaux se propose
d'écrire.

Mais, bien entendu, tout fait retour dans une œuvre
d'art réussie. La nécessité de motiver (sous forme d'un

scénario improvisé) l'entrée en jeu de Blaise (sc. 2) ne peut manquer de modifier notre image de Lucidor. L'épreuve du cœur d'Angélique, si conforme aux manèges marivaudiens, peut alors prendre, par ce redoublement à finalité d'abord comique, comme une allure de persécution[1], d'acharnement pervers ou cruel, qu'on retrouve au demeurant dans bien des pièces de Marivaux, quand il s'agit de forcer les cœurs réticents à l'aveu qui fera (généralement) leur bonheur. Impression ici d'autant plus sensible qu'on ne peut douter de l'amour d'Angélique ; qu'à la différence d'Hermocrate et Léontine dans *Le Triomphe de l'Amour*, victimes d'une traque impitoyable qui les laisse exsangues et floués, ou d'Araminte dans *Les Fausses Confidences*, riche veuve un peu lasse, Angélique n'a d'autre défaut que la naïveté et la pauvreté, d'autre recours que les forces inconnues d'un cœur tout neuf ; et qu'enfin, la question d'argent nous chiffonne.

Le génie de Marivaux est justement là : d'avoir tiré un parti magnifiquement inattendu d'un redoublement des épreuves dont le spectateur n'espère (et n'obtient) d'abord qu'un intense plaisir comique. En revient-on alors, de gré ou de force, et comme malgré soi, au thème rebattu de l' « odieux » Lucidor ? Pas forcément, si l'on veut bien cesser de se polariser sur ce personnage somme toute assez banal dans l'univers marivaudien, et de peu de relief dans la pièce ; si l'on veut bien consentir à envisager les épreuves d'Angélique du point de vue du spectateur, qui risque d'approcher celui du dramaturge : comme la superbe assomption d'un rôle de femme, où Marivaux se mesure à l'une des grandes figures du répertoire — pas moins que l'Agnès de Molière. Car on ne saurait s'y tromper : Blaise et Angélique, voilà les deux rôles qui font la force, comique et pathétique, de *L'Épreuve*, et expliquent son durable, son immense

---

1. Angélique : « Comme on me persécute ! », sc. 18.

succès. Comment pourrait-on sérieusement en rendre
compte à partir de Frontin, de Lisette ou de Lucidor,
aussi réussis qu'ils soient ?

On ne badine pas avec Angélique

Angélique n'est pas assez riche pour Lucidor, Blaise
pour Angélique, Lisette pour Blaise. Si l'amour
millionnaire de Lucidor ne brouillait le jeu, le seul
mariage conforme à la logique sociale unirait Lisette et
Frontin, dont Marivaux n'hésite pas à souligner [1]
qu'ils se connaissent et se plaisent. La logique dramatique, qui ne manque pas d'ironie, l'exclut tout à fait
et pénalise le seul auxiliaire de Lucidor qui l'ait
somme toute servi sans intérêt, sinon sans impertinence ! Contrairement au drame bourgeois en passe
d'advenir, le théâtre de Marivaux ne marche pas à la
morale sensible. Ce qui frappe ici, bien plus ou tout
autant que la « cruauté » de Lucidor, c'est la dureté
toute classique, ou toute comique, des rapports
humains.
   Les grandes œuvres comiques, de fait, sont rarement tendres. Quelle noire violence, source d'un
comique d'autant plus intense, dans l'absolue soumis-
sion de Blaise à la seule loi mécanique de l'intérêt, qui
allume et éteint ses désirs amoureux ! Mais en va-t-il
autrement de Mme Argante, mère ambitieuse, de
Lisette, suivante perfide ? Aucun modèle utopique de
société réconciliée par le sentiment, on le voit bien, ne
régente en sous-main, comme dans le drame bourgeois
de Lessing ou Diderot, le monde théâtral de Marivaux, qui semble n'obéir qu'à la pure géométrie des
formes chaque fois recommencée, de pièce en pièce.
Ici, l'argent sature tout l'espace et obsède tous les

---

1. Pour préparer une scène fameuse (12) et amener la déconve-
nue finale du libertin en livrée, prêt (sc. 1) à épouser Angélique
pour le compte de son maître.

cœurs [1], précisément parce que *L'Épreuve* raconte la révélation, au profit d'un amoureux millionnaire (fût-elle obtenue par l'argent et le mensonge) d'un cœur pur et véritablement aimant. C'est le parcours d'Angélique qui détermine, avec une rigueur absolue, sans que jamais la main ne tremble, le traitement des autres personnages [2].

Le comique le plus étourdissant, celui de Blaise, en découle sans défaillance, puisque l'intérêt l'oblige à un discours « timbré » (sc. 4) parfaitement irrésistible. Mais ce discours n'est-il pas l'effet obligé d'une autre « folie », celle du soupçon, ou plutôt de l'épreuve (autant dire du théâtre), qui plonge inflexiblement tous les personnages (sauf Mme Argante ?) dans les périls du double langage et les vertiges du masque ? Que dit Frontin ? « Je ne suis pas celui que je suis (un habitué de la place Maubert) ; je suis celui que je ne suis pas (un prétendant délicat). » Que dit Lucidor ? « Je cherche à acheter des époux pour la femme que je veux épouser. » Que finit par dire Angélique ? « Je hais celui que j'aime ; j'aime celui que je n'aime pas. » Le spectateur ne peut pas ne pas pressentir la superbe cohérence de cette symphonie comique dont il revient à Angélique de tirer des accents dramatiques aussi inoubliables qu'imprévus.

Le succès de la pièce ne repose pas que sur elle ; mais il ne saurait s'expliquer sans elle. Car tous les autres personnages, prenons-y garde, ne cessent d'être ce qu'ils sont (Lucidor, Mme Argante, Lisette) ou ce que le jeu les fait être (Frontin, Blaise, Lucidor) : tels

---

1. Sauf Frontin ! Mais Frontin ne peut se plier à la loi de l'intérêt puisqu'il a reçu mission d'incarner un autre Lucidor. Le comique naît donc de sa vanité fanfaronne piteusement humiliée, et de son incapacité à jouer le rôle de Lucidor. Il figure ainsi, fût-ce à travers le gauchissement comique du valet, le jeune Parisien que Lucidor devrait être.

2. Je préfère cette hypothèse fonctionnelle à celle de B. Dort renvoyant, pour souligner la prégnance du thème de l'argent, à une problématique transformation du monde extérieur dans les années 1740 (*Esquisse d'un système marivaudien*).

le spectateur les découvre, tels ils resteront. Mais
L'Épreuve nous réserve l'étrange et pénétrante jouis-
sance, si rare dans le théâtre classique, d'une méta-
morphose. Du « cœur simple, honnête et vrai », qui
« n'en sait pas davantage » (sc. 1), va jaillir un chant
grave et magnifique : la petite fille au bouquet (ô
combien charmante, ô combien délicieuse !) va devenir femme. Les allusions transparentes à Agnès (« je
ne suis pas idiote », sc. 17/« Si mon oiseau mourait
devant moi, je pleurerais », sc. 18) signent moins un
hommage à Molière que la certitude de l'originalité.
Mesure-t-on assez la virtuosité de ce tour de force :
inclure un tel rôle dans une pièce en un acte aussi riche
en scènes comiques, avec des personnages plus nombreux que dans *L'École des femmes*, une intrigue plus
complexe ? L'interprétation luciférienne de l'épreuve,
si tentante (fût-elle devenue depuis longtemps banale)
quand on ne se rapporte qu'à Lucidor, révèle alors ses
inquiétantes limites.

C'est par l'épreuve, ses masques et ses douleurs,
qu'Angélique éprouve les ressources inconnues de son
cœur et déploie les signes de sa qualité native : telle
Marianne dans le roman, en train de s'achever ou de
s'épuiser vers 1740, que Marivaux offre en hommage à
l'âme féminine. Et, de même que le critique du
Mercure, en 1723, se demandait « si le nom de *Surprise*
est actif ou passif, c'est-à-dire, si c'est l'amour qui
surprend ou est surpris », l'épreuve subie se renverse
par elle en épreuve infligée. Comme Marianne, Angélique soumet les êtres qu'elle affronte à l'épreuve de
ses détresses et de ses défis (sc. 16, 17, 18 ; on y rit,
mais est-ce aux dépens d'Angélique ?). Tel est le
superbe paradoxe de l'épreuve, ici porté à son comble
et comme emblématisé : tout ce qui inflige de la
souffrance au cœur d'Angélique la forme, la libère et
l'embellit. La forme et la libère : c'est précisément la
fonction de Mme Argante de souligner vigoureuse-
ment cette émancipation (voir Agis dans *Le Triomphe
de l'Amour*, *L'École des Mères*, *Arlequin poli par
l'Amour*, etc.). L'embellit : rien peut-être ne le montre

mieux que le quiproquo machiné par Lucidor, à notre surprise et pour notre plaisir, dans la scène 8. S'il s'agit en effet de lire dans le cristal du cœur d'Angélique le trouble impur de l'intérêt, comme Lucidor le déclare dans la scène 1, on voit mal en quoi ce stratagème pourrait aider l'expérience : il ne peut que desservir le prétendu prétendant incarné par Frontin. Dira-t-on alors qu'on tient bien là la preuve que Lucidor cherche avant tout à jouir de la souffrance qu'il épie? Mais c'est dire tout simplement que le plaisir supposé de Lucidor (qui n'est pas vraiment notre affaire) coïncide exactement avec le plaisir irrécusable du spectateur! Soyons donc, Marivaux nous y invite, spectateurs de bonne foi. Plutôt que d'incriminer Lucidor, osons nous avouer que nous nous délectons, comme toutes les Lumières, des souffrances de la destinée féminine, du chant magnifique qu'exaltent les épreuves de la femme imaginaire, du roman au drame bourgeois.

Mais il y a plus, dans *L'Épreuve,* que la naissance, émouvante et joyeuse, d'une femme de qualité; plus que la victoire sur les masques et les séductions impures. Marivaux y invente une structure que Musset nous a appris à lire. Meurtri par l'épreuve qui suspecte sa pureté pour mieux la révéler, le cœur juvénile s'abandonne à la surenchère du défi et du désespoir, se livre aux tentations de l'orgueil blessé : aveu de haine, invention provocante d'un amour secret pour... Blaise (sc. 18). L'expérimentation se met à déraper dans une sorte de dialectique (quasi cornélienne!) des défis : perdant à son tour, pour la première fois, la maîtrise du jeu, Lucidor offre 20 000 livres à Blaise pour épouser Angélique et court arracher l'accord de Mme Argante. La comédie des faux-semblants pourrait donc à la fois révéler les cœurs et les plonger dans un mensonge irréparable, les rendre dignes du bonheur et virer au drame. Mais les temps ne sont pas encore venus, au théâtre, d'un tel traitement, qui supposerait, au moins, la transformation de Lucidor en libertin malheureux, déchiré entre son passé et la nostalgie de la pureté. Une telle configuration n'attend pas Musset : elle apparaît dès 1755, avec Mellefont, dans *Miss Sara Sampson* de Lessing. Mais il s'agit d'un *drame bourgeois* (bürgerliches Trauerspiel), pas d'une comédie. Et le fait est que Marivaux n'a pas inventé le drame bourgeois, théâtre à venir de ces philosophes qu'il n'aimait pas.

Est-ce rien, pourtant, que d'avoir si magistralement dessiné l'épure exploitée par Musset, sans sacrifier le comique ; d'avoir su au contraire, d'une même source (Musset n'y parvient pas vraiment, mais peu importe) tirer le rire et le pressentiment des larmes ?

Après les doux remuements de l'émotion et les stridences comiques, il reste au spectateur un dernier plaisir : méditer la touchante morale de cette histoire : « Jeunes filles, si un millionnaire vous intéresse, commencez par ne pas vous intéresser à ses millions ! »

L'Épreuve, où Mme Favart fit ses début le 5 août 1749 et s'illustra après Silvia, « la divine Silvia » chère au cœur de Marivaux et créatrice du rôle, désarma même la critique, généralement hostile à Marivaux. La pièce fut traduite en anglais, en allemand, en hollandais, en danois...

Elle occupe le deuxième rang des représentations de Marivaux à la Comédie-Française (le quatrième si l'on tient compte des représentations probables, qui placent alors *La Surprise de l'amour* en second). Elle vient au neuvième rang (en raison évidemment de sa date tardive) des pièces en un acte les plus jouées chez les Italiens entre 1715 et 1750, devancée seulement par *Arlequin poli par l'amour* et *L'École des mères.* Elle fut jouée cent soixante-trois fois aux Italiens de 1740 à 1778. On doit à Cl. Stratz une des mises en scène récentes les plus significatives de *L'Épreuve* (Théâtre des Amandiers, Nanterre, 1985). G. Penchenat l'a montée à plusieurs reprises.

Voici, d'après H. Lagrave (ouv. cité, p. 602) le palmarès des pièces en un acte aux Italiens entre 1715 et 1750 :

« Les petites pièces à succès sont nombreuses à la Comédie Italienne, qui exploite ce genre avec beaucoup plus de suite que la Comédie-Française. Chez les Italiens, vingt-quatre pièces en un acte ont dépassé les quarante représentations ; encore les chiffres qui les concernent restent-ils en dessous de la réalité, puisqu'à ce théâtre, les Registres d'entrées manquent pour huit saisons. Voici, par ordre d'importance, les petites pièces qui ont été le plus souvent représentées :

1728.	*Harlequin hulla*, Biancolelli, Roma-gnesi et L. Riccoboni	: 152	repr. connues
1730.	La *Sylphide*, Biancolelli	: 149	« «
1723.	*Agnès de Chaillot*, Legrand et Biancolelli	: 125	« «
1729.	Les *Paysans de qualité*, Biancolelli et Romagnesi	: 117	« «
1720.	*Arlequin poli par l'amour*, Marivaux	: 114	« «
1728.	Le *Retour de tendresse*, Fuzelier et Romagnesi	: 110	« «
1721.	Le *Fleuve d'oubli*, Legrand	: 91	« «
1732.	L'*École des mères*, Marivaux	: 85	« «
1740.	L'*Épreuve*, Marivaux.	: 82	représentations
1727.	L'*Île de la Folie*, Biancolelli, Roma-gnesi et L. Riccoboni	: 80	repr. connues
1740.	L'*Amant auteur et valet*, Cérou	: 75	représentations
1729.	Les *Débuts*, Biancolelli et Romagnesi	: 71	repr. connues
1730.	Le *Triomphe de l'intérêt*, Boissy	: 71	« «
1728.	*Arlequin toujours Arlequin*, Biancolelli, Romagnesi et L. Riccoboni	: 67	repr. connues
1725.	L'*Île des esclaves*, Marivaux	: 67	« «
1722.	La *Foire des fées*, Lesage, Fuzelier, d'Orneval	: 60	« «
1744.	L'*Apparence trompeuse*, Guyot de Merville	: 58	représentations
1727.	Le *Portrait*, Beauchamps	: 56	repr. connues
1731.	Le *Je ne sais quoi*, Boissy	: 55	« «
1736.	Les *Mascarades amoureuses*, Guyot de Merville	: 54	« «
1734.	Les *Billets doux*, Boissy	: 53	« «

Les auteurs les plus joués dans ce genre sont d'abord ceux de la maison, qu'il est difficile de dissocier, parce qu'ils travaillent la plupart du temps en équipe, Biancolelli (Dominique), Luigi Riccoboni et Romagnesi ; après eux, c'est Marivaux qui attire le plus de public. »

L'ÉPREUVE

Comédie en un acte et en prose
représentée pour la première fois
par les Comédiens Italiens
le 19 novembre 1740

Acteurs

MADAME ARGANTE.
ANGÉLIQUE, sa fille.
LISETTE, suivante.
LUCIDOR, amant d'Angélique.
FRONTIN, valet de Lucidor.
MAÎTRE BLAISE, jeune fermier du village.

*La scène se passe à la campagne,
dans une terre appartenant depuis peu à Lucidor.*

SCÈNE PREMIÈRE

LUCIDOR, FRONTIN,
en bottes et en habit de maître.

LUCIDOR

Entrons dans cette salle. Tu ne fais donc que d'arriver ?

FRONTIN

Je viens de mettre pied à terre à la première hôtellerie du village, j'ai demandé le chemin du château, suivant l'ordre de votre lettre, et me voilà dans l'*équipage que vous m'avez prescrit. De ma figure, qu'en dites-vous ? *(Il se retourne.)* Y reconnaissez-vous votre valet de chambre, et n'ai-je pas l'air un peu trop seigneur ?

LUCIDOR

Tu es comme il faut ; à qui t'es-tu adressé en entrant ?

FRONTIN

Je n'ai rencontré qu'un petit garçon dans la cour, et

vous avez paru. À présent, que voulez-vous faire de
moi et de ma bonne mine?

LUCIDOR

Te proposer pour époux à une très aimable fille.

FRONTIN

Tout de bon, ma foi, Monsieur, je soutiens que
vous êtes encore plus aimable qu'elle.

LUCIDOR

Eh non, tu te trompes, c'est moi que la chose
regarde.

FRONTIN

En ce cas-là, je ne soutiens plus rien.

LUCIDOR

Tu sais que je suis venu ici il y a près de deux mois
pour y voir la terre que mon homme d'affaires m'a
achetée; j'ai trouvé dans le château une Madame
Argante qui en était comme la concierge, et qui est
une petite *bourgeoise de ce pays-ci. Cette bonne
dame a une fille qui m'a charmé, et c'est pour elle que
je veux te proposer.

FRONTIN, *riant*.

Pour cette fille que vous aimez? la confidence est
*gaillarde, nous serons donc trois; vous traitez cette
affaire-ci comme une partie de piquet.

LUCIDOR

Écoute-moi donc, j'ai dessein de l'épouser moi-
même.

FRONTIN

Je vous entends bien, quand je l'aurai épousée.

LUCIDOR

Me laisseras-tu dire? Je te présenterai sur le pied d'un homme riche et mon ami, afin de voir si elle m'aimera assez pour le refuser.

FRONTIN

Ah! c'est une autre histoire; et cela étant, il y a une chose qui m'inquiète.

LUCIDOR

Quoi?

FRONTIN

C'est qu'en venant, j'ai rencontré près de l'hôtellerie une fille, qui ne m'a pas aperçu, je pense, qui causait sur le pas d'une porte, mais qui m'a bien la mine d'être une certaine Lisette que j'ai connue à Paris il y a quatre ou cinq ans, et qui était à une dame chez qui mon maître allait souvent. Je n'ai vu cette Lisette-là que deux ou trois fois; mais comme elle était jolie, je lui en ai conté tout autant de fois que je l'ai vue, et cela vous grave dans l'esprit d'une fille.

LUCIDOR

Mais vraiment, il y en a une chez Madame Argante de ce nom-là, qui est du village, qui y a toute sa famille, et qui a passé en effet quelque temps à Paris avec une dame du pays.

FRONTIN

Ma foi, Monsieur, la friponne me reconnaîtra; il y a de certaines tournures d'hommes qu'on n'oublie point.

LUCIDOR

Tout le remède que j'y sache, c'est de payer d'effronterie, et de lui persuader qu'elle se trompe.

FRONTIN

Oh ! pour de l'effronterie, je suis en fonds.

LUCIDOR

N'y a-t-il pas des hommes qui se ressemblent tant,
qu'on s'y méprend ?

FRONTIN

Allons, je ressemblerai, voilà tout, mais dites-moi,
Monsieur, souffririez-vous un petit mot de représentation ?

LUCIDOR

Parle.

FRONTIN

Quoique à la fleur de votre âge, vous êtes tout à fait
sage et raisonnable, il me semble pourtant que votre
projet est bien jeune.

LUCIDOR, *fâché*.

Hem ?

FRONTIN

Doucement, vous êtes le fils d'un riche négociant
qui vous a laissé plus de cent mille livres de rente, et
vous pouvez prétendre aux plus grands partis ; le
minois dont vous parlez est-il fait pour vous appartenir en légitime mariage ? Riche comme vous êtes, on
peut se tirer de là à meilleur marché, ce me semble.

LUCIDOR

Tais-toi, tu ne connais point celle dont tu parles ; il
est vrai qu'Angélique n'est qu'une simple bourgeoise
de campagne ; mais * originairement elle me vaut
bien, et je n'ai pas l'*entêtement des grandes

alliances; elle est d'ailleurs si aimable, et je * démêle à
travers son innocence tant d'honneur et tant de vertu
en elle; elle a naturellement un caractère si distingué,
que, si elle m'aime comme je le crois, je ne serai jamais
qu'à elle.

FRONTIN

Comment, si elle vous aime, est-ce que cela n'est
pas décidé?

LUCIDOR

Non, il n'a pas encore été question du mot d'amour
entre elle et moi; je ne lui ai jamais dit que je l'aime;
mais toutes mes façons n'ont signifié que cela; toutes
les siennes n'ont été que des expressions du penchant
le plus tendre et le plus ingénu. Je tombai malade trois
jours après mon arrivée; j'ai été même en quelque
danger, je l'ai vue inquiète, alarmée, plus changée que
moi; j'ai vu des larmes couler de ses yeux, sans que sa
mère s'en aperçût; et depuis que la santé m'est
revenue, nous continuons de même; je l'aime toujours, sans le lui dire, elle m'aime aussi sans m'en
parler; et sans vouloir cependant m'en faire un secret,
son cœur simple, honnête et vrai n'en sait pas
davantage.

FRONTIN

Mais vous, qui en savez plus qu'elle, que ne mettez-
vous un petit mot d'amour en avant, il ne gâterait
rien?

LUCIDOR

Il n'est pas temps; tout sûr que je suis de son cœur,
je veux savoir à quoi je le dois; et si c'est l'homme
riche, ou seulement moi qu'on aime, c'est ce que
j'éclaircirai par l'épreuve où je vais la mettre; il m'est
encore permis de n'appeler qu'amitié tout ce qui est
entre nous deux, et c'est de quoi je vais profiter.

FRONTIN

Voilà qui est fort bien ; mais ce n'était pas moi qu'il fallait employer.

LUCIDOR

Pourquoi ?

FRONTIN

Oh ! pourquoi ? Mettez-vous à la place d'une fille, et ouvrez les yeux, vous verrez pourquoi, il y a cent à parier contre un que je plairai.

LUCIDOR

Le sot ! hé bien, si tu plais, j'y remédierai sur-le-champ, en te faisant connaître. As-tu apporté les bijoux ?

FRONTIN, *fouillant dans sa poche.*

Tenez, voilà tout.

LUCIDOR

Puisque personne ne t'a vu entrer, retire-toi avant que quelqu'un, que je vois dans le jardin, n'arrive, va t'ajuster, et ne reparais que dans une heure ou deux.

FRONTIN

Si vous jouez de malheur, souvenez-vous que je vous l'ai prédit.

SCÈNE II

LUCIDOR, MAÎTRE BLAISE,
qui vient doucement habillé en riche fermier.

LUCIDOR

Il vient à moi, il paraît avoir à me parler.

MAÎTRE BLAISE

Je vous salue, Monsieur Lucidor. Eh bien, qu'est-ce ? Comment vous va ? Vous avez bonne *maine à cette heure.

LUCIDOR

Oui, je me porte assez bien, Monsieur Blaise.

MAÎTRE BLAISE

Faut convenir que voute maladie vous a bian fait du proufit ; vous velà *morgué pus rougeaud, pus varmeil, ça réjouit, ça me plaît à voir !

LUCIDOR

Je vous en suis obligé.

MAÎTRE BLAISE

C'est que j'aime tant la santé des braves gens, alle est si recommandabe, surtout la vôtre qui est la pus recommandabe de tout le monde.

LUCIDOR

Vous avez raison d'y prendre quelque intérêt, je voudrais pouvoir vous être utile à quelque chose.

MAÎTRE BLAISE

Voirement, cette utilité-là est belle et bonne, et je vians tout justement vous prier de m'en gratifier d'une.

LUCIDOR

Voyons.

MAÎTRE BLAISE

Vous savez bian, Monsieur, que je fréquente chez

Madame Argante, et sa fille Angélique, alle est
gentille, *au moins.

LUCIDOR

Assurément.

MAÎTRE BLAISE, *riant.*

Eh, eh, eh, c'est, ne vous déplaise, que je vourais
avoir sa gentillesse en mariage.

LUCIDOR

Vous aimez donc Angélique ?

MAÎTRE BLAISE

Ah ! cette petite criature-là m'affole, j'en pards si
peu d'esprit que j'ai ; quand il fait jour, je pense à elle ;
quand il fait nuit, j'en rêve, il faut du remède à ça, et
je vians envars vous à celle fin, par voute moyen, pour
l'honneur et le respect qu'en vous porte ici, sauf voute
grâce ; et si ça ne vous torne pas à importunité de me
favoriser de queuques bonnes paroles auprès de sa
mère, dont j'ai *itou besoin de la faveur.

LUCIDOR

Je vous entends, vous souhaitez que j'engage
Madame Argante à vous donner sa fille. Et Angélique
vous aime-t-elle ?

MAÎTRE BLAISE

Oh dame, quand parfois je li conte ma *chance, alle
rit de tout son cœur et me plante là, c'est bon signe,
n'est-ce pas ?

LUCIDOR

Ni bon, ni mauvais ; au surplus, comme je crois que
Madame Argante a peu de bien, que vous êtes fermier
de plusieurs terres, fils de fermier vous-même...

MAÎTRE BLAISE

Et que je sis encore une jeunesse, je n'ons que trente ans, et *d'himeur folichonne, un *Roger-Bontemps.

LUCIDOR

Le parti pourrait convenir, sans une difficulté.

MAÎTRE BLAISE

Laqueulle ?

LUCIDOR

C'est qu'en revanche des soins que Madame Argante et toute sa maison ont eu de moi pendant ma maladie, j'ai songé à marier Angélique à quelqu'un de fort riche, qui va se présenter, qui ne veut précisément épouser qu'une fille de campagne, de famille *honnête, et qui ne se soucie pas qu'elle ait du bien.

MAÎTRE BLAISE

Morgué, vous me faites là un vilain tour avec voute avisement, Monsieur Lucidor ; velà qui m'est bian rude, bian chagrinant et bian traître. Jarnigué, soyons bons, je l'approuve, mais ne *foulons parsonne, je sis voute prochain autant qu'un autre, et ne faut pas peser sur ceti-ci, pour alléger ceti-là, moi qui avais tant de peur que vous ne mouriez ; c'était bian la peine de venir vingt fois demander comment va-t-il, comment ne va-t-il pas, velà-t-il pas une santé qui m'est bian *chanceuse, après vous avoir mené moi-même ceti-là, qui vous a tiré deux fois du sang, et qui est mon cousin, afin que vous le sachiez, mon propre cousin *garmain ; ma mère était sa tante, et jarni ce n'est pas bian fait à vous.

LUCIDOR

Votre parenté avec lui n'ajoute rien à l'obligation que je vous ai.

MAÎTRE BLAISE

Sans compter que c'est cinq bonnes mille livres que
vous m'ôtez, comme un sou, et que la petite aura en
mariage.

LUCIDOR

Calmez-vous, est-ce cela que vous en espérez ? Eh
bien, je vous en donne douze pour en épouser une
autre, et pour vous dédommager du chagrin que je
vous fais.

MAÎTRE BLAISE, *étonné*.

Quoi ? douze mille livres d'argent sec ?

LUCIDOR

Oui, je vous les promets, sans vous ôter cependant
la liberté de vous présenter pour Angélique ; au
contraire, j'exige même que vous la demandiez à
Madame Argante, je l'exige, entendez-vous ; car si
vous plaisez à Angélique, je serais très fâché de la
priver d'un homme qu'elle aimerait.

MAÎTRE BLAISE, *se frottant les yeux de surprise*.

Eh mais, c'est comme un prince qui parle, douze
mille livres ? Les bras m'en tombont, je ne saurais me
ravoir ; allons, Monsieur, * boutez-vous là, que je me
prosterne devant vous, ni plus ni moins que devant un
prodige.

LUCIDOR

Il n'est pas nécessaire, point de compliments, je
vous tiendrai parole.

MAÎTRE BLAISE

Après que j'ons été si malappris, si brutal. Eh !
dites-moi, roi que vous êtes, si par aventure, Angéli-

que me chérit, j'aurons donc la femme et les douze mille francs avec ?

LUCIDOR

Ce n'est pas tout à fait cela, écoutez-moi, je prétends, vous dis-je, que vous vous proposiez pour Angélique, indépendamment du mari que je lui offrirai ; si elle vous accepte, comme alors je n'aurai fait aucun tort à votre amour, je ne vous donnerai rien ; si elle vous refuse, les douze mille francs sont à vous.

MAÎTRE BLAISE

Alle me refusera, Monsieur, alle me refusera ; le ciel m'en fera la grâce à cause de vous, qui le désirez.

LUCIDOR

Prenez garde, je vois bien qu'à cause des douze mille francs, vous ne demandez déjà pas mieux que d'être refusé.

MAÎTRE BLAISE

Hélas ! peut-être bien que la somme m'étourdit un petit brin ; j'en sis * friand, je le confesse, alle est si consolante.

LUCIDOR

Je mets cependant encore une condition à notre marché, c'est que vous feigniez de l'empressement pour obtenir Angélique, et que vous continuiez de paraître amoureux d'elle.

MAÎTRE BLAISE

Oui, Monsieur, je serons fidèle à ça, mais j'ons bonne espérance de n'être pas daigne d'elle, et mêmement j'avons opinion si alle osait, qu'alle vous aimerait plus que parsonne.

Lucidor

Moi, Maître Blaise ? Vous me surprenez, je ne m'en suis pas aperçu, vous vous trompez ; en tout cas, si elle ne veut pas de vous, souvenez-vous de lui faire ce petit reproche-là, je serais bien aise de savoir ce qui en est, par pure curiosité.

Maître Blaise

En n'y manquera pas, en li reprochera devant vous *drès que Monsieur le commande.

Lucidor

Et comme je ne vous crois pas mal à propos *glorieux, vous me ferez plaisir aussi de jeter vos vues sur Lisette, que, sans compter les douze mille francs, vous ne vous repentirez pas d'avoir choisie, je vous en avertis.

Maître Blaise

Hélas ! il n'y a qu'à dire, en se *revirera itou sur elle, je l'aimerai par mortification.

Lucidor

J'avoue qu'elle sert Madame Argante, mais elle n'est pas de moindre condition que les autres filles du village.

Maître Blaise

Eh voirement, alle en est née native.

Lucidor

Jeune et bien faite d'ailleurs.

Maître Blaise

Charmante, Monsieur varra l'appétit que je prends déjà pour elle.

LUCIDOR

Mais je vous ordonne une chose ; c'est de ne lui dire
que vous l'aimez qu'après qu'Angélique se sera expli-
quée sur votre compte, il ne faut pas que Lisette sache
vos desseins auparavant.

MAÎTRE BLAISE

Laissez faire à Blaise, en li parlant, je li dirai des
propos où elle ne comprenra rin ; la velà, vous plaît-il
que je m'en aille ?

LUCIDOR

Rien ne vous empêche de rester.

SCÈNE III

LUCIDOR,
MAÎTRE BLAISE, LISETTE

LISETTE

Je viens d'apprendre, Monsieur, par le petit garçon
de notre vigneron, qu'il vous était arrivé une visite de
Paris.

LUCIDOR

Oui, c'est un de mes amis qui vient me voir.

LISETTE

Dans quel appartement du château souhaitez-vous
qu'on le loge ?

LUCIDOR

Nous verrons quand il sera revenu de l'hôtellerie où
il est retourné ; où est Angélique, Lisette ?

LISETTE

Il me semble l'avoir vue dans le jardin, qui s'amusait à cueillir des fleurs.

LUCIDOR, *en montrant Maître Blaise.*

Voici un homme qui est de bonne volonté pour elle, qui a grande envie de l'épouser, et je lui demandais si elle avait de l'inclination pour lui ; qu'en pensez-vous ?

MAÎTRE BLAISE

Oui, de queul avis êtes-vous touchant ça, belle brunette, ma mie ?

LISETTE

Eh mais, autant que j'en puis juger, mon avis est que jusqu'ici elle n'a rien dans le cœur pour vous.

MAÎTRE BLAISE, *gaiement.*

Rian du tout, c'est ce que je disais. Que Mademoiselle Lisette a de jugement !

LISETTE

Ma réponse n'a rien de trop flatteur, mais je ne saurais en faire une autre.

MAÎTRE BLAISE, *cavalièrement.*

Cetelle-là est belle et bonne, et je m'y accorde. J'aime qu'on soit franc, et en effet, queul mérite avons-je pour li plaire à cette enfant ?

LISETTE

Ce n'est pas que vous ne valiez votre prix, Monsieur Blaise, mais je crains que Madame Argante ne vous trouve pas assez de bien pour sa fille.

Maître Blaise, *en riant.*

Ça est vrai, pas assez de bien, pus vous allez, mieux vous dites.

Lisette

Vous me faites rire avec votre air joyeux.

Lucidor

C'est qu'il n'espère pas grand-chose.

Maître Blaise

Oui, velà ce que c'est, et pis, tout ce qui viant je le prends. *(À Lisette.)* Le biau brin de fille que vous êtes !

Lisette

La tête lui tourne, ou il y a là quelque chose que je n'entends pas.

Maître Blaise

* Stapendant je me baillerai bian du tourment pour avoir Angélique, et il en pourra venir que je l'aurons, ou bian que je ne l'aurons pas, faut mettre les deux pour deviner juste.

Lisette, *en riant.*

Vous êtes un très grand devin.

Lucidor

Quoi qu'il en soit, j'ai aussi un parti à lui offrir, mais un très bon parti, il s'agit d'un homme du monde, et voilà pourquoi je m'informe si elle n'aime personne.

Lisette

Dès que vous vous mêlez de l'* établir, je pense bien qu'elle s'en tiendra là.

LUCIDOR

Adieu Lisette, je vais faire un tour dans la grande allée ; quand Angélique sera venue, je vous prie de m'en avertir. Soyez persuadée, à votre égard, que je ne m'en retournerai point à Paris sans récompenser le zèle que vous m'avez marqué.

LISETTE

Vous avez bien de la bonté, Monsieur.

LUCIDOR, *à Maître Blaise,*
en s'en allant, et à part.

Ménagez vos termes avec Lisette, Maître Blaise.

MAÎTRE BLAISE

Aussi fais-je, je n'y mets pas le sens commun.

SCÈNE IV

MAÎTRE BLAISE, LISETTE

LISETTE

Ce Monsieur Lucidor a le meilleur cœur du monde.

MAÎTRE BLAISE

Oh ! un cœur magnifique, un cœur tout d'or ; au surplus, comment vous portez-vous, Mademoiselle Lisette ?

LISETTE, *riant.*

Eh, que voulez-vous dire avec votre compliment, Maître Blaise ? Vous tenez depuis un moment des discours bien étranges.

MAÎTRE BLAISE

Oui, j'ons des manières fantasques, et ça vous étonne, n'est-ce pas, je m'en doute bian. *(Et par réflexion.)* Que vous êtes agriable !

LISETTE

Que vous êtes *original avec votre agréable ! Comme il me regarde ; en vérité vous extravaguez.

MAÎTRE BLAISE

Tout au contraire, c'est ma prudence qui vous contemple.

LISETTE

Eh bien, contemplez, voyez, ai-je aujourd'hui le visage autrement fait que je l'avais hier ?

MAÎTRE BLAISE

Non, c'est moi qui le vois mieux que de coutume ; il est tout nouviau pour moi.

LISETTE, *voulant s'en aller.*

Eh, que le ciel vous bénisse !

MAÎTRE BLAISE, *l'arrêtant.*

Attendez donc !

LISETTE

Eh, que me voulez-vous ? C'est se moquer que de vous entendre ; on dirait que vous m'en *contez ; je sais bien que vous êtes un fermier à votre aise, et que je ne suis pas pour vous, de quoi s'agit-il donc ?

MAÎTRE BLAISE

De m'acouter sans y voir goutte, et de dire à part vous, ouais, faut qu'il y ait un secret à ça.

LISETTE

Et à propos de quoi un secret ? Vous ne me dites rien d'intelligible.

MAÎTRE BLAISE

Non, c'est fait exprès, c'est résolu.

LISETTE

Voilà qui est bien * particulier ; ne recherchez-vous pas Angélique ?

MAÎTRE BLAISE

Ça est * itou conclu.

LISETTE

Plus je rêve et plus je m'y perds.

MAÎTRE BLAISE

Faut que vous vous y perdiais.

LISETTE

Mais pourquoi me trouver si agréable ; par quel accident le remarquez-vous plus qu'à l'ordinaire ? Jusqu'ici vous n'avez pas pris garde si je l'étais ou non. Croirai-je que vous êtes tombé subitement amoureux de moi ? Je ne vous en empêche pas.

MAÎTRE BLAISE, *vite et vivement.*

Je ne dis pas que je vous aime.

LISETTE, *riant* [1].

Que dites-vous donc ?

---

1. L'édition originale porte : « criant ».

Maître Blaise

Je ne vous dis pas que je ne vous aime point ; ni l'un ni l'autre, vous m'en êtes témoin ; j'ons donné ma parole, je marche droit en besogne, voyez-vous, il n'y a pas à rire à ça ; je ne dis rien, mais je pense, et je vais répétant, que vous êtes agriable !

Lisette, *étonnée et le regardant.*

Je vous regarde à mon tour et, si je ne me figurais pas que vous êtes timbré, en vérité, je soupçonnerais que vous ne me haïssez pas.

Maître Blaise

Oh ! soupçonnez, croyez, persuadez-vous, il n'y aura pas de mal, pourvu qu'il n'y ait pas de ma faute, et que ça vienne de vous toute seule, sans que je vous aide.

Lisette

Qu'est-ce que cela signifie ?

Maître Blaise

Et mêmement, à vous parmis de m'aimer, par exemple, j'y consens encore ; si le cœur vous y porte, ne vous retenez pas, je vous lâche la bride là-dessus ; il n'y aura rian de pardu.

Lisette

Le plaisant compliment ! Eh ! quel avantage en tirerais-je ?

Maître Blaise

Oh ! dame, je sis * bridé, mais ce n'est pas comme vous, je ne saurais parler pus clair ; voici venir Angélique, laissez-moi li toucher un petit mot d'affection, sans que ça empêche que vous soyez gentille.

LISETTE

Ma foi, votre tête est dérangée, Monsieur Blaise, je n'en rabats rien.

SCÈNE V

ANGÉLIQUE,
LISETTE, MAÎTRE BLAISE

ANGÉLIQUE, *un bouquet à la main.*

Bonjour, Monsieur Blaise. Est-il vrai, Lisette, qu'il est venu quelqu'un de Paris pour Monsieur Lucidor ?

LISETTE

Oui, à ce que j'ai su.

ANGÉLIQUE

Dit-on que ce soit pour l'emmener à Paris qu'on est venu ?

LISETTE

C'est ce que je ne sais pas, Monsieur Lucidor ne m'en a rien appris.

MAÎTRE BLAISE

Il n'y a pas d'apparence, il veut auparavant vous marier dans l'opulence, à ce qu'il dit.

ANGÉLIQUE

Me marier, Monsieur Blaise, et à qui donc, s'il vous plaît ?

MAÎTRE BLAISE

La parsonne n'a pas encore de nom.

LISETTE

Il parle vraiment d'un très grand mariage ; il s'agit d'un homme du monde, et il ne dit pas qui c'est, ni d'où il viendra.

ANGÉLIQUE, *d'un air content et discret.*

D'un homme du monde qu'il ne nomme pas.

LISETTE

Je vous rapporte les propres termes.

ANGÉLIQUE

Eh bien, je n'en suis pas inquiète, on le connaîtra tôt ou tard.

MAÎTRE BLAISE

Ce n'est pas moi, toujours.

ANGÉLIQUE

Oh ! je le crois bien, ce serait là un beau mystère, vous n'êtes qu'un homme des champs, vous.

MAÎTRE BLAISE

* Stapendant j'ons mes prétentions * itou, mais je ne me cache pas, je dis mon nom, je me montre, en publiant que je suis amoureux de vous, vous le savez bian.

Lisette lève les épaules.

ANGÉLIQUE

Je l'avais oublié.

MAÎTRE BLAISE

Me velà pour vous en aviser derechef, vous souciez-vous un peu de ça, Mademoiselle Angélique ?

Lisette boude.

Angélique

Hélas ! guère.

Maître Blaise

Guère, c'est toujours queuque chose ; prenez-y garde, au moins, car je vais me douter, sans façon, que je vous plais.

Angélique

Je ne vous le conseille pas, Monsieur Blaise ; car il me semble que non.

Maître Blaise

Ah ! bon ça, velà qui se compriend ; c'est pourtant fâcheux, voyez-vous, ça me chagraine ; mais n'iamporte, ne vous gênez pas, je revianrai tantôt pour savoir si vous désirez que j'en parle à Madame Argante, ou s'il faudra que je m'en taise ; ruminez ça à part, vous, et faites à votre guise, bonjour. (*Et à Lisette, à part.*) Que vous êtes avenante !

Lisette, *en colère.*

Quelle cervelle !

SCÈNE VI

Lisette, Angélique

Angélique

Heureusement, je ne crains pas son amour, quand il me demanderait à ma mère, il n'en sera pas plus avancé.

Lisette

Lui, c'est un conteur de sornettes, qui ne convient pas à une fille comme vous.

ANGÉLIQUE

Je ne l'écoute pas ; mais dis-moi, Lisette, Monsieur
Lucidor parle donc sérieusement d'un mari ?

LISETTE

Mais d'un mari distingué, d'un * établissement
considérable.

ANGÉLIQUE

Très considérable, si c'est ce que je soupçonne.

LISETTE

Eh, que soupçonnez-vous ?

ANGÉLIQUE

Oh ! je rougirais trop, si je me trompais.

LISETTE

Ne serait-ce pas lui, par hasard, que vous vous
imaginez être l'homme en question, tout grand seigneur qu'il est par ses richesses ?

ANGÉLIQUE

Bon, lui, je ne sais pas seulement moi-même ce que
je veux dire, on rêve, on promène sa pensée, et puis
c'est tout ; on le verra, ce mari, je ne l'épouserai pas
sans le voir.

LISETTE

Quand ce ne serait qu'un de ses amis, ce serait
toujours une grande affaire ; à propos, il m'a recom-
mandé d'aller l'avertir quand vous seriez venue, et il
m'attend dans l'allée.

ANGÉLIQUE

Eh, va donc, à quoi t'*amuses-tu là ? pardi, tu fais bien les commissions qu'on te donne, il n'y sera peut-être plus.

LISETTE

Tenez, le voilà lui-même.

SCÈNE VII

ANGÉLIQUE, LUCIDOR, LISETTE

LUCIDOR

Y a-t-il longtemps que vous êtes ici, Angélique ?

ANGÉLIQUE

Non, Monsieur, il n'y a qu'un moment que je sais que vous avez envie de me parler, et je la querellais de ne me l'avoir pas dit plus tôt.

LUCIDOR

Oui, j'ai à vous entretenir d'une chose assez importante.

LISETTE

Est-ce un secret ? M'en irai-je ?

LUCIDOR

Il n'y a pas de nécessité que vous restiez.

ANGÉLIQUE

Aussi bien je crois que ma mère aura besoin d'elle.

LISETTE

Je me retire donc.

SCÈNE VIII

LUCIDOR, ANGÉLIQUE

Lucidor la regardant attentivement.

ANGÉLIQUE, *en riant.*

À quoi songez-vous donc en me considérant si fort ?

LUCIDOR

Je songe que vous embellissez tous les jours.

ANGÉLIQUE

Ce n'était pas de même quand vous étiez malade ; à propos, je sais que vous aimez les fleurs, et je pensais à vous aussi en cueillant ce petit bouquet ; tenez, Monsieur, prenez-le.

LUCIDOR

Je ne le prendrai que pour vous le rendre, j'aurai plus de plaisir à vous le voir.

ANGÉLIQUE *prend.*

Et moi, à cette heure que je l'ai reçu, je l'aime mieux qu'auparavant.

LUCIDOR

Vous ne répondez jamais rien que d'obligeant.

ANGÉLIQUE

Ah ! cela est si aisé avec de certaines personnes ; mais que me voulez-vous donc ?

LUCIDOR

Vous donner des témoignages de l'extrême amitié
que j'ai pour vous, à condition qu'avant tout, vous
m'instruirez de l'état de votre cœur.

ANGÉLIQUE

Hélas, le compte en sera bientôt fait, je ne vous en
dirai rien de nouveau ; ôtez notre amitié que vous
savez bien, il n'y a rien dans mon cœur, que je sache,
je n'y vois qu'elle.

LUCIDOR

Vos façons de parler me font tant de plaisir, que j'en
oublie presque ce que j'ai à vous dire.

ANGÉLIQUE

Comment faire ? Vous oublierez donc toujours, à
moins que je ne me taise ; je ne connais point d'autre
secret.

LUCIDOR

Je n'aime point ce secret-là ; mais poursuivons : il
n'y a encore environ que sept semaines que je suis ici.

ANGÉLIQUE

Y a-t-il tant que cela ? Que le temps passe vite !
Après ?

LUCIDOR

Et je vois quelquefois bien des jeunes gens du pays
qui vous font la cour ; lequel de tous distinguez-vous
parmi eux ? Confiez-moi ce qui en est comme au
meilleur ami que vous ayez.

ANGÉLIQUE

Je ne sais pas, Monsieur, pourquoi vous pensez que
j'en distingue, des jeunes gens qui me font la cour ;

est-ce que je les remarque ? est-ce que je les vois ? Ils
perdent donc bien leur temps.

LUCIDOR

Je vous crois, Angélique.

ANGÉLIQUE

Je ne me souciais d'aucun quand vous êtes venu ici,
et je ne m'en soucie pas davantage depuis que vous y
êtes, assurément.

LUCIDOR

Êtes-vous aussi indifférente pour Maître Blaise, ce
jeune fermier, qui veut vous demander en mariage, à
ce qu'il m'a dit ?

ANGÉLIQUE

Il me demandera en ce qu'il lui plaira, mais, en un
mot, tous ces gens-là me déplaisent depuis le premier
jusqu'au dernier, principalement lui, qui me repro-
chait l'autre jour que nous nous parlions trop souvent
tous deux, comme s'il n'était pas bien naturel de se
plaire plus en votre compagnie qu'en la sienne ; que
cela est sot !

LUCIDOR

Si vous ne haïssez pas de me parler, je vous le rends
bien, ma chère Angélique : quand je ne vous vois pas,
vous me manquez, et je vous cherche.

ANGÉLIQUE

Vous ne cherchez pas longtemps, car je reviens bien
vite, et ne sors guère.

LUCIDOR

Quand vous êtes revenue, je suis content.

ANGÉLIQUE

Et moi, je ne suis pas mélancolique.

LUCIDOR

Il est vrai, j'avoue avec joie que votre amitié répond à la mienne.

ANGÉLIQUE

Oui, mais malheureusement vous n'êtes pas de notre village, et vous retournerez peut-être bientôt à votre Paris, que je n'aime guère. Si j'étais à votre place, il me viendrait plutôt chercher, que je n'irais le voir.

LUCIDOR

Eh, qu'importe que j'y retourne ou non, puisqu'il ne tiendra qu'à vous que nous y soyons tous deux ?

ANGÉLIQUE

Tous deux, Monsieur Lucidor ? Eh mais, contez-moi donc * comme quoi.

LUCIDOR

C'est que je vous destine un mari qui y demeure.

ANGÉLIQUE

Est-il possible ? Ah çà, ne me trompez pas, au moins, tout le cœur me bat ; loge-t-il avec vous ?

LUCIDOR

Oui, Angélique, nous sommes dans la même maison.

ANGÉLIQUE

Ce n'est pas assez, je n'ose encore être bien * aise en toute confiance. Quel homme est-ce ?

LUCIDOR

Un homme très riche.

ANGÉLIQUE

Ce n'est pas là le principal ; après.

LUCIDOR

Il est de mon âge et de ma taille.

ANGÉLIQUE

Bon, c'est ce que je voulais savoir.

LUCIDOR

Nos caractères se ressemblent, il pense comme moi.

ANGÉLIQUE

Toujours de mieux en mieux, que je l'aimerai !

LUCIDOR

C'est un homme tout aussi *uni, tout aussi sans façon que je le suis.

ANGÉLIQUE

Je n'en veux point d'autre.

LUCIDOR

Qui n'a ni ambition, ni *gloire, et qui n'exigera de celle qu'il épousera que son cœur.

ANGÉLIQUE, *riant.*

Il l'aura, Monsieur Lucidor, il l'aura, il l'a déjà ; je l'aime autant que vous, ni plus, ni moins.

LUCIDOR

Vous aurez le sien, Angélique, je vous en assure, je le connais, c'est tout comme s'il vous le disait lui-même.

ANGÉLIQUE

Eh, sans doute, et moi je réponds aussi comme s'il était là.

LUCIDOR

Ah ! que de l'humeur dont il est, vous allez le rendre heureux !

ANGÉLIQUE

Ah ! je vous promets bien qu'il ne sera pas heureux tout seul.

LUCIDOR

Adieu, ma chère Angélique ; il me tarde d'entretenir votre mère, et d'avoir son consentement. Le plaisir que me fait ce mariage ne me permet pas de différer davantage ; mais avant que je vous quitte, acceptez de moi ce petit présent de noce, que j'ai droit de vous offrir, suivant l'usage, et en qualité d'ami ; ce sont de petits bijoux que j'ai fait venir de Paris.

ANGÉLIQUE

Et moi, je les prends, parce qu'ils y retourneront avec vous, et que nous y serons ensemble ; mais il ne fallait point de bijoux, c'est votre amitié qui est le véritable.

LUCIDOR

Adieu, belle Angélique ; votre mari ne tardera pas à paraître.

ANGÉLIQUE

Courez donc, afin qu'il vienne plus vite.

SCÈNE IX

ANGÉLIQUE, LISETTE

LISETTE

Eh bien, Mademoiselle, êtes-vous instruite ? À qui
vous marie-t-on ?

ANGÉLIQUE

À lui, ma chère Lisette, à lui-même, et je l'attends.

LISETTE

À lui, dites-vous ? Et quel est donc cet homme qui
s'appelle *lui* par excellence ? Est-ce qu'il est ici ?

ANGÉLIQUE

Eh, tu as dû le rencontrer ; il va trouver ma mère.

LISETTE

Je n'ai vu que Monsieur Lucidor, et ce n'est pas lui
qui vous épouse.

ANGÉLIQUE

Eh, si fait, voilà vingt fois que je te le répète ; si tu
savais comme nous nous sommes parlé, comme nous
nous entendions bien sans qu'il ait dit : C'est moi ;
mais cela était si clair, si clair, si agréable, si tendre...

LISETTE

Je ne l'aurais jamais imaginé, mais le voici encore.

SCÈNE X
LUCIDOR, FRONTIN,
LISETTE, ANGÉLIQUE

LUCIDOR

Je reviens, belle Angélique; en allant chez votre
mère, j'ai trouvé Monsieur qui arrivait, et j'ai cru qu'il
n'y avait rien de plus pressé que de vous l'amener;
c'est lui, c'est ce mari pour qui vous êtes si favorable-
ment prévenue, et qui, par le rapport de nos caractères, est en effet un autre moi-même; il m'a apporté
aussi le portrait d'une jeune et jolie personne qu'on
veut me faire épouser à Paris. *(Il le lui présente.)* Jetez
les yeux dessus : comment le trouvez-vous ?

ANGÉLIQUE, *d'un air mourant, le repousse.*

Je ne m'y connais pas.

LUCIDOR

Adieu, je vous laisse ensemble, et je cours chez
Madame Argante. *(Il s'approche d'elle.)* Êtes-vous
contente ?
*Angélique, sans lui répondre, tire la boîte aux bijoux et
la lui rend sans le regarder ; elle la met dans sa main, et il
s'arrête comme surpris, et sans la lui remettre, après quoi il
sort.*

SCÈNE XI
ANGÉLIQUE, FRONTIN, LISETTE

*Angélique reste immobile; Lisette tourne autour de
Frontin avec surprise, et Frontin paraît embarrassé.*

FRONTIN

Mademoiselle, l'étonnante immobilité où je vous
vois, intimide extrêmement mon inclination nais-

sante ; vous me découragez tout à fait, et je sens que je perds la parole.

LISETTE

Mademoiselle est immobile, vous, muet, et moi stupéfaite ; j'ouvre les yeux, je regarde, et je n'y comprends rien.

ANGÉLIQUE, *tristement*.

Lisette, qui est-ce qui l'aurait cru ?

LISETTE

Je ne le crois pas, moi qui le vois.

FRONTIN

Si la charmante Angélique daignait seulement jeter un regard sur moi, je crois que je ne lui ferais point de peur, et peut-être y reviendrait-elle : on s'accoutume aisément à me voir, j'en ai l'expérience ; essayez-en.

ANGÉLIQUE, *sans le regarder*.

Je ne saurais ; ce sera pour une autre fois : Lisette, tenez compagnie à Monsieur, je lui demande pardon, je ne me sens pas bien, j'étouffe, et je vais me retirer dans ma chambre.

SCÈNE XII

LISETTE, FRONTIN

FRONTIN, *à part*.

Mon mérite a manqué son coup.

LISETTE, *à part*.

C'est Frontin, c'est lui-même.

FRONTIN, *les premiers mots à part.*

Voici le plus fort de ma besogne ici ; ma mie, que
dois-je conjecturer d'un aussi *langoureux accueil ?
(Elle ne répond pas, et le regarde. Il continue.)* Eh bien,
répondez donc. Allez-vous me dire aussi que ce sera
pour une autre fois ?

LISETTE

Monsieur, ne t'ai-je pas vu quelque part ?

FRONTIN

Comment donc ? Ne t'ai-je pas vu quelque part ? Ce
village-ci est bien familier.

LISETTE, *à part les premiers mots.*

Est-ce que je me tromperais ? Monsieur, excusez-
moi ; mais n'avez-vous jamais été à Paris chez une
Madame Dorman, où j'étais ?

FRONTIN

Qu'est-ce que c'est que Madame Dorman ? Dans
quel quartier ?

LISETTE

Du côté de la place Maubert, chez un marchand de
café, au second.

FRONTIN

Une place Maubert, une Madame Dorman, un
second ; non, mon enfant, je ne connais point cela, et
je prends toujours mon café chez moi.

LISETTE

Je ne dis plus mot, mais j'avoue que je vous ai pris
pour Frontin, et il faut que je me fasse toute la

violence du monde pour m'imaginer que ce n'est point lui.

FRONTIN

Frontin, mais c'est un nom de valet.

LISETTE

Oui, Monsieur, et il m'a semblé que c'était toi... que c'était vous, dis-je.

FRONTIN

Quoi ? toujours des tu et des toi, vous me lassez à la fin.

LISETTE

J'ai tort, mais tu lui ressembles si fort... Eh, Monsieur, pardon. Je retombe toujours ; quoi ? tout de bon, ce n'est pas toi... je veux dire, ce n'est pas vous ?

FRONTIN, *riant*.

Je crois que le plus court est d'en rire moi-même ; allez, ma fille, un homme moins raisonnable et de moindre étoffe se fâcherait ; mais je suis trop au-dessus de votre méprise, et vous me divertiriez beaucoup, n'était le désagrément qu'il y a d'avoir une physionomie commune avec ce coquin-là. La nature pouvait se passer de lui donner le double de la mienne, et c'est un affront qu'elle m'a fait, mais ce n'est pas votre faute ; parlons de votre maîtresse.

LISETTE

Oh ! Monsieur, n'y ayez point de regret ; celui pour qui je vous prenais est un garçon fort aimable, fort amusant, plein d'esprit, et d'une très jolie figure.

FRONTIN

J'entends bien, la copie est parfaite.

LISETTE

Si parfaite, que je n'en reviens point, et tu serais le plus grand maraud... Monsieur, je me brouille encore, la ressemblance m'emporte.

FRONTIN

Ce n'est rien, je commence à m'y faire, ce n'est pas à moi à qui vous parlez.

LISETTE

Non, Monsieur, c'est à votre copie, et je voulais dire qu'il aurait grand tort de me tromper ; car je voudrais de tout mon cœur que ce fût lui ; je crois qu'il m'aimait, et je le regrette.

FRONTIN

Vous avez raison, il en valait bien la peine. (*Et à part.*) Que cela est flatteur !

LISETTE

Voilà qui est bien particulier ; à chaque fois que vous parlez, il me semble l'entendre.

FRONTIN

Vraiment, il n'y a rien là de surprenant ; dès qu'on se ressemble, on a le même son de voix, et volontiers les mêmes inclinations ; il vous aimait, dites-vous, et je ferais comme lui, sans l'extrême distance qui nous sépare.

LISETTE

Hélas, je me réjouissais en croyant l'avoir retrouvé.

FRONTIN, *à part le premier mot.*

Oh ?... Tant d'amour sera récompensé, ma belle enfant, je vous le prédis ; en attendant, vous ne perdrez pas tout, je m'intéresse à vous, et je vous rendrai service ; ne vous mariez point sans me consulter.

LISETTE

Je sais garder un secret ; Monsieur, dites-moi si c'est toi ?

FRONTIN, *en s'en allant.*

Allons, vous abusez de ma bonté ; il est temps que je me retire. *(Et après.)* Ouf, le rude assaut !

SCÈNE XIII

LISETTE, *un moment seule,*
MAÎTRE BLAISE

LISETTE

Je m'y suis pris de toutes façons, et ce n'est pas lui sans doute, mais il n'y a jamais rien eu de pareil : quand ce serait lui, au reste, Maître Blaise est bien un autre parti, s'il m'aime.

MAÎTRE BLAISE

Eh bien, fillette, à quoi en suis-je avec Angélique ?

LISETTE

Au même état où vous étiez tantôt.

MAÎTRE BLAISE, *en riant.*

Eh mais, tant pire, ma grande fille.

LISETTE

Ne me direz-vous point ce que peut signifier le tant
pis que vous dites en riant ?

MAÎTRE BLAISE

C'est que je ris de tout, mon poulet.

LISETTE

En tout cas, j'ai un avis à vous donner ; c'est
qu'Angélique ne paraît pas disposée à accepter le mari
que Monsieur Lucidor lui destine, et qui est ici, et que
si, dans ces circonstances, vous continuez à la recher-
cher, apparemment vous l'obtiendrez.

MAÎTRE BLAISE, *tristement.*

Croyez-vous ? Eh mais, tant mieux.

LISETTE

Oh ! vous m'impatientez avec vos tant mieux si
tristes, vos tant pis si *gaillards, et le tout en
m'appelant ma grande fille et mon poulet ; il faut, s'il
vous plaît, que j'en aie le cœur net, Monsieur Blaise,
pour la dernière fois, est-ce que vous m'aimez ?

MAÎTRE BLAISE

Il n'y a pas encore de réponse à ça.

LISETTE

Vous vous moquez donc de moi ?

MAÎTRE BLAISE

Velà une mauvaise pensée.

LISETTE

Avez-vous toujours dessein de demander Angélique
en mariage ?

MAÎTRE BLAISE

Le micmac le requiert.

LISETTE

Le micmac ! Et si on vous la refuse, en serez-vous
fâché ?

MAÎTRE BLAISE, *riant*.

Oui-da.

LISETTE

En vérité, dans l'incertitude où vous me tenez de
vos sentiments, que voulez-vous que je réponde aux
douceurs que vous me dites ? Mettez-vous à ma place.

MAÎTRE BLAISE

* Boutez-vous à la mienne.

LISETTE

Eh, quelle est-elle ? car si vous êtes de bonne foi, si
effectivement vous m'aimez...

MAÎTRE BLAISE, *riant*.

Oui, je suppose.

LISETTE

Vous jugez bien que je n'aurai pas le cœur ingrat.

MAÎTRE BLAISE, *riant*.

Hé, hé, hé, hé... Lorgnez-moi un peu, que je voie si
ça est vrai.

LISETTE

Qu'en ferez-vous ?

MAÎTRE BLAISE

Hé, hé... Je le garde. La gentille enfant, queu dommage de laisser ça dans la peine !

LISETTE

Quelle obscurité ! Voilà Madame Argante et Monsieur Lucidor, il est apparemment question du mariage d'Angélique avec l'amant qui lui est venu ; la mère voudra qu'elle l'épouse ; et si elle obéit, comme elle y sera peut-être obligée, il ne sera plus nécessaire que vous la demandiez, ainsi, retirez-vous, je vous prie.

MAÎTRE BLAISE

Oui, mais je sis d'obligation aussi de revenir voir ce qui en est, pour me comporter à l'avenant.

LISETTE, *fâchée.*

Encore ! Oh ! votre énigme est d'une impertinence qui m'indigne.

MAÎTRE BLAISE, *riant et s'en allant.*

C'est pourtant douze mille francs qui vous fâchent.

LISETTE, *le voyant aller.*

Douze mille francs, où va-t-il prendre ce qu'il dit là ? Je commence à croire qu'il y a quelque motif à cela.

SCÈNE XIV

MADAME ARGANTE, LUCIDOR, FRONTIN, LISETTE

MADAME ARGANTE, *en entrant, à Frontin.*

Eh, Monsieur, ne vous rebutez point, il n'est pas possible qu'Angélique ne se rende ; il n'est pas

possible. (À *Lisette*.) Lisette, vous étiez présente
quand Monsieur a vu ma fille ; est-il vrai qu'elle ne
l'ait pas bien reçu ? Qu'a-t-elle donc dit ? Parlez, a-t-il
lieu de se plaindre ?

LISETTE

Non, Madame, je ne me suis point aperçu de
mauvaise réception ; il n'y a eu qu'un étonnement
naturel à une jeune et * honnête fille, qui se trouve,
pour ainsi dire, mariée dans la minute ; mais pour le
peu que Madame la rassure et s'en mêle, il n'y aura
pas la moindre difficulté.

LUCIDOR

Lisette a raison, je pense comme elle.

MADAME ARGANTE

Eh, sans doute, elle est si jeune et si innocente !

FRONTIN

Madame, le mariage en impromptu * étonne l'innocence, mais ne l'afflige pas, et votre fille est allée se
trouver mal dans sa chambre.

MADAME ARGANTE

Vous verrez, Monsieur, vous verrez... Allez,
Lisette, dites-lui que je lui ordonne de venir * tout à
l'heure. Amenez-la ici ; partez. (À *Frontin*.) Il faut
avoir la bonté de lui pardonner ces premiers * mouve-
ments-là, Monsieur, ce ne sera rien.

Lisette part.

FRONTIN

Vous avez beau dire, on a eu tort de m'exposer à
cette aventure-ci ; il est fâcheux à un galant homme à
qui tout Paris jette ses filles à la tête, et qui les refuse
toutes, de venir lui-même essuyer les dédains d'une

jeune citoyenne de village, à qui on ne demande
précisément que sa figure en mariage. Votre fille me
convient fort ; et je rends grâces à mon ami de l'avoir
retenue ; mais il fallait, en m'appelant, me tenir sa
main si prête, et si disposée que je n'eusse qu'à tendre
la mienne pour la recevoir ; point d'autre cérémonie.

LUCIDOR

Je n'ai pas dû deviner l'obstacle qui se présente.

MADAME ARGANTE

Eh, Messieurs, un peu de patience ; regardez-la
dans cette occasion-ci comme un enfant.

SCÈNE XV

LUCIDOR, FRONTIN, ANGÉLIQUE, LISETTE, MADAME ARGANTE

MADAME ARGANTE

Approchez, Mademoiselle, approchez, n'êtes-vous
pas bien sensible à l'honneur que vous fait Monsieur,
de venir vous épouser, malgré votre peu de fortune, et
la médiocrité de votre état ?

FRONTIN

Rayons ce mot d'honneur, mon amour et ma
galanterie le désapprouvent.

MADAME ARGANTE

Non, Monsieur, je dis la chose comme elle est ;
répondez, ma fille.

ANGÉLIQUE

Ma mère...

MADAME ARGANTE

Vite donc.

FRONTIN

Point de ton d'autorité, sinon je reprends mes
bottes et monte à cheval. (*À Angélique.*) Vous ne
m'avez pas encore regardé, fille * aimable, vous n'avez
point encore vu ma personne, vous la * rebutez sans la
connaître, voyez-la pour la juger.

ANGÉLIQUE

Monsieur...

MADAME ARGANTE

Monsieur !... ma mère ! Levez la tête.

FRONTIN

Silence, maman, voilà une réponse entamée.

LISETTE

Vous êtes trop heureuse, Mademoiselle, il faut que
vous soyez née coiffée.

ANGÉLIQUE, *vivement*.

En tout cas, je ne suis pas née babillarde.

FRONTIN

Vous n'en êtes que plus rare ; allons, Mademoiselle,
reprenez haleine, et prononcez.

MADAME ARGANTE

Je dévore ma colère.

LUCIDOR

Que je suis mortifié !

FRONTIN, *à Angélique*.

Courage ! encore un effort pour achever.

ANGÉLIQUE

Monsieur, je ne vous connais point.

FRONTIN

La connaissance est si tôt faite en mariage ; c'est un pays où l'on va si vite.

MADAME ARGANTE

Comment ? étourdie, ingrate que vous êtes !

FRONTIN

Ah ! ah ! Madame Argante, vous avez le dialogue d'une rudesse insoutenable.

MADAME ARGANTE

Je sors, je ne pourrais pas me retenir, mais je la déshérite, si elle continue de répondre aussi mal aux obligations que nous vous avons, Messieurs. Depuis que Monsieur Lucidor est ici, son séjour n'a été marqué pour nous que par des bienfaits. Pour comble de bonheur, il procure à ma fille un mari tel qu'elle ne pouvait pas l'espérer, ni pour le bien, ni pour le rang, ni pour le mérite.

FRONTIN

Tout doux, appuyez légèrement sur le dernier.

MADAME ARGANTE, *en s'en allant*.

Et, *merci de ma vie, qu'elle l'accepte, ou je la *renonce.

SCÈNE XVI

LUCIDOR, FRONTIN,
ANGÉLIQUE, LISETTE

LISETTE

En vérité, Mademoiselle, on ne saurait vous excuser ; attendez-vous qu'il vienne un prince ?

FRONTIN

Sans vanité, voici mon apprentissage ; en fait de refus, je ne connaissais pas cet affront-là.

LUCIDOR

Vous savez, belle Angélique, que je vous ai d'abord consulté sur ce mariage ; je n'y ai pensé que par zèle pour vous, et vous m'en avez paru satisfaite.

ANGÉLIQUE

Oui, Monsieur, votre zèle est admirable, c'est la plus belle chose du monde, et j'ai tort, je suis une étourdie, mais laissez-moi dire. À cette heure que ma mère n'y est plus, et que je suis un peu plus hardie, il est juste que je parle à mon tour, et je commence par vous, Lisette ; c'est que je vous prie de vous taire, entendez-vous ; il n'y a rien ici qui vous regarde ; quand il vous viendra un mari, vous en ferez ce qu'il vous plaira, sans que je vous en demande compte, et je ne vous dirai point sottement, ni que vous êtes née coiffée, ni que vous êtes trop heureuse, ni que vous attendez un prince, ni d'autres propos aussi ridicules que vous m'avez tenus, sans savoir ni quoi, ni qu'est-ce.

FRONTIN

Sur sa part, je devine la mienne.

ANGÉLIQUE

La vôtre est toute prête, Monsieur. Vous êtes
* honnête homme, n'est-ce pas ?

FRONTIN

C'est en quoi je brille.

ANGÉLIQUE

Vous ne voudrez pas causer du chagrin à une fille
qui ne vous a jamais fait de mal, cela serait cruel et
barbare.

FRONTIN

Je suis l'homme du monde le plus humain, vos
pareilles en ont mille preuves.

ANGÉLIQUE

C'est bien fait, je vous dirai donc, Monsieur, que je
serais mortifiée s'il fallait vous aimer, le cœur me le
dit, on sent cela ; non que vous ne soyez fort aimable,
pourvu que ce ne soit pas moi qui vous aime, je ne
finirai point de vous louer quand ce sera pour une
autre ; je vous prie de prendre en bonne part ce que je
vous dis là, j'y vais de tout mon cœur, ce n'est pas moi
qui ai été vous chercher, une * fois ; je ne songeais pas
à vous, et si je l'avais pu, il ne m'en aurait pas plus
coûté de vous crier : Ne venez pas, que de vous dire :
Allez-vous-en.

FRONTIN

Comme vous me le dites ?

ANGÉLIQUE

Oh ! sans doute, et le plus tôt sera le mieux, mais
que vous importe ? Vous ne manquerez pas de filles ;
quand on est riche, on en a tant qu'on veut, à ce qu'on

dit, au lieu que * naturellement je n'aime pas l'argent ;
j'aimerais mieux en donner que d'en prendre ; c'est là
mon humeur.

FRONTIN

Elle est bien opposée à la mienne ; à quelle heure
voulez-vous que je parte ?

ANGÉLIQUE

Vous êtes bien * honnête ; quand il vous plaira, je ne
vous retiens point, il est tard à cette heure, mais il fera
beau demain.

FRONTIN, *à Lucidor*.

Mon grand ami, voilà ce qu'on appelle un congé
bien * conditionné, et je le reçois, sauf vos conseils,
qui me régleront là-dessus cependant ; ainsi, belle
ingrate, je diffère encore mes derniers adieux.

ANGÉLIQUE

Quoi, Monsieur, ce n'est pas fait ? Pardi, vous avez
bon courage. (*Et quand il est parti.*) Votre ami n'a
guère de * cœur, il me demande à quelle heure il
partira, et il reste.

SCÈNE XVII

LUCIDOR, ANGÉLIQUE, LISETTE

LUCIDOR

Il n'est pas si aisé de vous quitter, Angélique ; mais
je vous débarrasserai de lui.

LISETTE

Quelle perte ! un homme qui lui faisait sa fortune.

LUCIDOR

Il y a des antipathies insurmontables ; si Angélique est dans ce cas-là, je ne m'étonne point de son refus, et je ne renonce pas au projet de l'établir avantageusement.

ANGÉLIQUE

Eh, Monsieur, ne vous en mêlez pas, il y a des gens qui ne font que nous porter guignon.

LUCIDOR

Vous porter guignon, avec les intentions que j'ai ! Et qu'avez-vous à reprocher à mon amitié ?

ANGÉLIQUE, *à part.*

Son amitié, le méchant homme !

LUCIDOR

Dites-moi de quoi vous vous plaignez ?

ANGÉLIQUE

Moi, Monsieur, me plaindre ! Eh, qui est-ce qui y songe ? Où sont les reproches que je vous fais ? Me voyez-vous fâchée ? Je suis très contente de vous, vous en agissez on ne peut pas mieux ; comment donc ? vous m'offrez des maris tant que j'en voudrai ; vous m'en faites venir de Paris sans que j'en demande ; y a-t-il rien là de plus obligeant, de plus officieux ? Il est vrai que je laisse là tous vos mariages ; mais aussi il ne faut pas croire, à cause de vos rares bontés, qu'on soit obligé vite et vite de se donner au premier venu que vous attirerez de je ne sais où, et qui arrivera tout botté pour m'épouser sur votre parole ; il ne faut pas croire cela, je suis fort reconnaissante, mais je ne suis pas idiote.

LUCIDOR

Quoi que vous en disiez, vos discours ont une
aigreur que je ne sais à quoi attribuer, et que je ne
mérite point.

LISETTE

Ah ! j'en sais bien la cause, moi, si je voulais parler.

ANGÉLIQUE

Hem ; qu'est-ce que c'est que cette science que vous
avez ? Que veut-elle dire ? Écoutez, Lisette, je suis
naturellement douce et bonne ; un enfant a plus de
*malice que moi ; mais si vous me fâchez, vous
m'entendez bien, je vous promets de la rancune pour
mille ans.

LUCIDOR

Si vous ne vous plaignez pas de moi, reprenez donc
ce petit présent que je vous avais fait, et que vous
m'avez rendu sans me dire pourquoi.

ANGÉLIQUE

Pourquoi ? C'est qu'il n'est pas juste que je l'aie. Le
mari et les bijoux étaient pour aller ensemble, et en
rendant l'un, je rends l'autre. Vous voilà bien embarrassé ; gardez cela pour cette charmante beauté, dont
on vous a apporté le portrait.

LUCIDOR

Je lui en trouverai d'autres ; reprenez ceux-ci.

ANGÉLIQUE

Oh ! qu'elle garde tout, Monsieur, je les jetterais.

LISETTE

Et moi je les ramasserai.

LUCIDOR

C'est-à-dire que vous ne voulez pas que je songe à
vous marier, et que malgré ce que vous m'avez dit
tantôt, il y a quelque amour secret dont vous me faites
mystère.

ANGÉLIQUE

Eh mais, cela se peut bien, oui, Monsieur, voilà ce
que c'est, j'en ai pour un homme d'ici, et quand je
n'en aurais pas, j'en prendrais tout exprès demain
pour avoir un mari à ma fantaisie.

SCÈNE XVIII

LUCIDOR, ANGÉLIQUE,
LISETTE, MAÎTRE BLAISE

MAÎTRE BLAISE

Je requiers la permission d'interrompre, pour avoir
la déclaration de votre darnière volonté, Mademoiselle, retenez-vous voute amoureux nouviau venu ?

ANGÉLIQUE

Non, laissez-moi.

MAÎTRE BLAISE

Me retenez-vous, moi ?

ANGÉLIQUE

Non.

MAÎTRE BLAISE

Une fois, deux fois, me voulez-vous ?

ANGÉLIQUE

L'insupportable homme !

LISETTE

Êtes-vous sourd, Maître Blaise, elle vous dit que
non.

MAÎTRE BLAISE, à Lisette,
les premiers mots à part, et en souriant.

Oui, ma mie. Ah çà, Monsieur, je vous prends à
témoin comme quoi je l'aime, comme quoi alle me
repousse, que si elle ne me prend pas, c'est sa faute, et
que ce n'est pas sur moi qu'il en faut jeter l'endosse.
(À Lisette, à part.) Bonjour, poulet. (Et puis à tous.) Au
demeurant, ça ne me surprend point ; Mademoiselle
Angélique en refuse deux, alle en refuserait trois, alle
en refuserait un boissiau ; il n'y en a qu'un qu'alle
envie, tout le reste est du fretin pour elle, hormis
Monsieur Lucidor, que j'ons deviné *drès le
commencement.

ANGÉLIQUE, outrée.

Monsieur Lucidor !

MAÎTRE BLAISE

Li-même, n'ons-je pas vu que vous pleuriez quand
il fut malade, tant vous aviez peur qu'il ne devînt
mort ?

LUCIDOR

Je ne croirai jamais ce que vous dites là ; Angélique
pleurait par amitié pour moi ?

ANGÉLIQUE

Comment, vous ne croirez pas, vous ne seriez pas
un homme de bien de le croire ? M'accuser d'aimer à

cause que je pleure ; à cause que je donne des marques de bon cœur, eh mais, je pleure tous les malades que je vois, je pleure pour tout ce qui est en danger de mourir ; si mon oiseau mourait devant moi, je pleurerais ; dira-t-on que j'ai de l'amour pour lui ?

LISETTE

Passons, passons là-dessus ; car, à vous parler franchement, je l'ai cru de même.

ANGÉLIQUE

Quoi ! vous aussi, Lisette, vous m'accablez, vous me *déchirez, eh, que vous ai-je fait ? Quoi, un homme qui ne songe point à moi, qui veut me marier à tout le monde, et je l'aimerais ? Moi, qui ne pourrais pas le souffrir s'il m'aimait, moi qui ai de l'inclination pour un autre, j'ai donc le cœur bien bas, bien misérable ; ah ! que l'affront qu'on me fait m'est sensible !

LUCIDOR

Mais en vérité, Angélique, vous n'êtes pas raisonnable ; ne voyez-vous pas que ce sont nos petites conversations qui ont donné lieu à cette folie, qu'on a rêvée, et qu'elle ne mérite pas votre attention ?

ANGÉLIQUE

Hélas, Monsieur, c'est par discrétion que je ne vous ai pas dit ma pensée ; mais je vous aime si peu, que si je ne me retenais pas, je vous haïrais depuis ce mari que vous avez mandé de Paris ; oui, Monsieur, je vous haïrais, je ne sais trop même si je ne vous hais pas, je ne voudrais pas jurer que non, car j'avais de l'amitié pour vous, et je n'en ai plus ; est-ce là des dispositions pour aimer ?

LUCIDOR

Je suis honteux de la douleur où je vous vois ; avez-vous besoin de vous défendre, dès que vous en aimez un autre ? Tout n'est-il pas dit ?

MAÎTRE BLAISE

Un autre galant ? Alle serait morgué bian en peine de le montrer.

ANGÉLIQUE

En peine ? Eh bien, puisqu'on m'*obstine, c'est justement lui qui parle, cet indigne.

LUCIDOR

Je l'ai soupçonné.

MAÎTRE BLAISE

Moi !

LISETTE

Bon, cela n'est pas vrai.

ANGÉLIQUE

Quoi, je ne sais pas l'inclination que j'ai ? Oui, c'est lui, je vous dis que c'est lui.

MAÎTRE BLAISE

Ah çà, Demoiselle, ne badinons point, ça n'a ni rime ni raison ; par votre foi, est-ce ma parsonne qui vous a pris le cœur ?

ANGÉLIQUE

Oh, je l'ai assez dit, oui, c'est vous, *malhonnête que vous êtes, si vous ne m'en croyez pas, je ne m'en soucie guère.

MAÎTRE BLAISE

Eh mais ! jamais voute mère n'y consentira.

ANGÉLIQUE

Vraiment, je le sais bien.

MAÎTRE BLAISE

Et pis, vous m'avez * rebuté d'abord, j'ai compté là-
dessus, moi, je me sis arrangé autrement.

ANGÉLIQUE

Eh bien, ce sont vos affaires.

MAÎTRE BLAISE

On n'a pas un cœur qui va et qui viant comme une
girouette, faut être fille pour ça, on se fie à des refus.

ANGÉLIQUE

Oh ! * accommodez-vous, benêt.

MAÎTRE BLAISE

Sans compter que je ne sis pas riche.

LUCIDOR

Ce n'est pas là ce qui embarrassera, et j'aplanirai
tout ; puisque vous avez le bonheur d'être aimé,
Maître Blaise, je donne vingt mille francs en faveur de
ce mariage, je vais en porter la parole à Madame
Argante, et je reviens dans le moment vous en rendre
la réponse.

ANGÉLIQUE

Comme on me persécute !

LUCIDOR

Adieu, Angélique, j'aurai enfin la satisfaction de vous avoir mariée selon votre cœur, quelque chose qu'il m'en coûte.

ANGÉLIQUE

Je crois que cet homme-là me fera mourir de chagrin.

SCÈNE XIX

MAÎTRE BLAISE, ANGÉLIQUE, LISETTE

LISETTE

Ce Monsieur Lucidor est un grand marieur de filles ; à quoi vous déterminez-vous, Maître Blaise ?

MAÎTRE BLAISE, *après avoir rêvé.*

Je dis que vous êtes toujours bian jolie, mais que ces vingt mille francs vous font grand tort.

LISETTE

Hum, le vilain procédé !

ANGÉLIQUE, *d'un air languissant.*

Est-ce que vous aviez quelque dessein pour elle ?

MAÎTRE BLAISE

Oui, je n'en fais pas le fin.

ANGÉLIQUE, *languissante.*

Sur ce pied-là, vous ne m'aimez pas.

MAÎTRE BLAISE

Si fait da, ça m'avait un peu quitté, mais je vous r'aime chèrement à cette heure.

ANGÉLIQUE, *toujours languissante*.

À cause des vingt mille francs.

MAÎTRE BLAISE

À cause de vous, et pour l'amour d'eux.

ANGÉLIQUE

Vous avez donc intention de les recevoir ?

MAÎTRE BLAISE

Pargué, à voute avis ?

ANGÉLIQUE

Et moi je vous déclare, si vous les prenez, que je ne veux point de vous.

MAÎTRE BLAISE

En veci bian d'un autre !

ANGÉLIQUE

Il y aurait trop de lâcheté à vous de prendre de l'argent d'un homme qui a voulu me marier à un autre, qui m'a offensée en particulier, en croyant que je l'aimais, et qu'on dit que j'aime moi-même.

LISETTE

Mademoiselle a raison, j'approuve tout à fait ce qu'elle dit là.

MAÎTRE BLAISE

Mais acoutez donc le bon sens, si je ne prends pas les vingt mille francs, vous me pardrez, vous ne m'aurez point, voute mère ne voura point de moi.

ANGÉLIQUE

Eh bien, si elle ne veut point de vous, je vous laisserai.

MAÎTRE BLAISE, *inquiet*.

Est-ce votre dernier mot ?

ANGÉLIQUE

Je ne changerai jamais.

MAÎTRE BLAISE

Ah ! me velà biau garçon.

SCÈNE XX

LUCIDOR, MAÎTRE BLAISE, ANGÉLIQUE, LISETTE

LUCIDOR

Votre mère consent à tout, belle Angélique, j'en ai sa parole, et votre mariage avec Maître Blaise est conclu, moyennant les vingt mille francs que je donne. Ainsi vous n'avez qu'à venir tous deux l'en remercier.

MAÎTRE BLAISE

Point du tout ; il y a un autre * vartigo qui la tiant ; elle a de l'avarsion pour le magot de vingt mille francs, à cause de vous, qui les délivrez : alle ne veut point de moi si je les prends, et je veux du magot avec alle.

ANGÉLIQUE, *s'en allant*.

Et moi je ne veux plus de qui que ce soit au monde.

LUCIDOR

Arrêtez, de grâce, chère Angélique, laissez-nous, vous autres.

MAÎTRE BLAISE,
prenant Lisette sous le bras, à Lucidor.

Notre premier marché tiant-il toujours ?

LUCIDOR

Oui, je vous le garantis.

MAÎTRE BLAISE

Que le ciel vous consarve en joie ; je vous fiance
donc, fillette.

SCÈNE XXI

LUCIDOR, ANGÉLIQUE

LUCIDOR

Vous pleurez, Angélique.

ANGÉLIQUE

C'est que ma mère sera fâchée, et puis j'ai eu assez
de confusion pour cela.

LUCIDOR

À l'égard de votre mère, ne vous en inquiétez pas, je
la calmerai ; mais me laisserez-vous la douleur de
n'avoir pu vous rendre heureuse ?

ANGÉLIQUE

Oh ! voilà qui est fini, je ne veux rien d'un homme
qui m'a donné le renom que je l'aimais toute seule.

LUCIDOR

Je ne suis point l'auteur des idées qu'on a eu là-
dessus.

ANGÉLIQUE

On ne m'a point entendue me vanter que vous
m'aimiez, quoique je l'eusse pu croire aussi bien que
vous, après toutes les amitiés et toutes les manières
que vous avez eues pour moi, depuis que vous êtes ici,
je n'ai pourtant pas abusé de cela ; vous n'en avez pas
agi de même, et je suis la dupe de ma bonne foi.

LUCIDOR

Quand vous auriez pensé que je vous aimais, quand
vous m'auriez cru pénétré de l'amour le plus tendre,
vous ne vous seriez pas trompée. (*Angélique ici redouble ses pleurs et sanglote davantage. Lucidor continue.*) Et
pour achever de vous ouvrir mon cœur, je vous avoue
que je vous adore, Angélique.

ANGÉLIQUE

Je n'en sais rien ; mais si jamais je viens à aimer
quelqu'un, ce ne sera pas moi qui lui chercherai des
filles en mariage, je le laisserai plutôt mourir garçon.

LUCIDOR

Hélas ! Angélique, sans la haine que vous m'avez
déclarée, et qui m'a paru si vraie, si naturelle, j'allais
me proposer moi-même. (*Lucidor revenant.*) Mais
qu'avez-vous donc encore à soupirer ?

ANGÉLIQUE

Vous dites que je vous hais, n'ai-je pas raison ?
Quand il n'y aurait que ce portrait de Paris qui est
dans votre poche.

LUCIDOR

Ce portrait n'est qu'une feinte ; c'est celui d'une
sœur que j'ai.

ANGÉLIQUE

Je ne pouvais pas deviner.

LUCIDOR

Le voici, Angélique, et je vous le donne.

ANGÉLIQUE

Qu'en ferai-je, si vous n'y êtes plus ? un portrait ne guérit de rien.

LUCIDOR

Et si je restais, si je vous demandais votre main, si nous ne nous quittions de la vie ?

ANGÉLIQUE

Voilà, du moins, ce qu'on appelle parler, cela.

LUCIDOR

Vous m'aimez donc ?

ANGÉLIQUE

Ai-je jamais fait autre chose ?

LUCIDOR, *se mettant tout à fait à genoux.*

Vous me transportez, Angélique.

SCÈNE XXII ET DERNIÈRE

Tous les acteurs qui arrivent avec MADAME ARGANTE

MADAME ARGANTE

Eh bien, Monsieur ; mais que vois-je ? Vous êtes aux genoux de ma fille, je pense ?

LUCIDOR

Oui, Madame, et je l'épouse dès aujourd'hui, si vous y consentez.

MADAME ARGANTE, *charmée*.

Vraiment, que de *reste, Monsieur, c'est bien de l'honneur à nous tous, et il ne manquera rien à la joie où je suis, si Monsieur *(montrant Frontin)*, qui est votre ami, demeure aussi le nôtre.

FRONTIN

Je suis de si bonne composition, que ce sera moi qui vous verserai à boire à table. *(À Lisette.)* Ma reine, puisque vous aimiez tant Frontin, et que je lui ressemble, j'ai envie de l'être.

LISETTE

Ah! coquin, je t'entends bien, mais tu l'es trop tard.

MAÎTRE BLAISE

Je ne pouvons nous quitter, il y a douze mille francs qui nous suivent.

MADAME ARGANTE

Que signifie donc cela?

LUCIDOR

Je vous l'expliquerai tout à l'heure; qu'on fasse venir les violons du village, et que la journée finisse par des danses.

DIVERTISSEMENT [1]

VAUDEVILLE

Madame Argante.

Maris jaloux, tendres amants,
Dormez sur la foi des serments,
Qu'aucun soupçon ne vous émeuve ;
Croyez l'objet de vos amours,
Car on ne gagne pas toujours
    À la mettre à l'épreuve.

Lisette.

Avoir le cœur de son mari,
Qu'il tienne lieu d'un favori,
Quel bonheur d'en fournir la preuve !
Blaise me donne du souci ;
Mais en revanche, Dieu merci,
    Je le mets à l'épreuve.

Frontin.

Vous qui courez après l'hymen,
Pour éloigner tout examen,
Prenez toujours fille pour veuve ;
Si l'amour trompe en ce moment,
C'est du moins agréablement :
    Quelle charmante épreuve !

Maître Blaise.

Que Mathuraine ait de l'humeur,
Et qu'al me refuse son cœur,
Qu'il vente, qu'il tonne ou qu'il pleuve,

---

1. Ce divertissement est absent de l'édition originale. Rien ne dit
qu'il soit de la main de Marivaux. Je reproduis ici le texte de
l'édition Deloffre (Garnier).

Que le froid gèle notre vin,
Je n'en prenons point de chagrin,
  Je somme à toute épreuve.

Lisette.

Vous qui tenez dans vos filets,
Chaque jour de nouveaux objets,
Soit fille, soit femme, soit veuve,
Vous croyez prendre, et l'on vous prend.
Gardez-vous d'un cœur qui se rend
  À la première épreuve.

Angélique.

Ah ! que l'hymen paraît charmant
Quand l'époux est toujours amant !
Mais jusqu'ici la chose est neuve :
Que l'on verrait peu de maris,
Si le sort nous avait permis
  De les prendre à l'épreuve !

Il y a eu des mises en scène mémorables : *Les Fausses Confidences*, par J.-L. Barrault (1946), *Le Triomphe de l'Amour*, par J. Vilar (1955), *La Seconde Surprise de l'Amour*, par R. Planchon (1958). Mais aucune n'a connu le retentissement et l'espèce de sidération qui accueillirent la représentation, le 24 octobre 1973, de *La Dispute*, sous la baguette de P. Chéreau, secondé par F. Regnault, auteur d'un prologue non prévu par Marivaux. Quand une mise en scène fait date à ce point, il serait déraisonnable, s'agissant d'un texte si peu joué, de ne pas commencer par elle. En oubliant « les pâmoisons imbéciles et les exécrations idiotes » (F. Regnault) qui accompagnaient, il y a encore peu, les grandes heures du théâtre, il importe ici avant tout de citer et d'écouter acteurs et témoins.

« *ILS PARLERONT DE DEUX MONDES* » (*P. CHÉREAU*)

LA DISPUTE

« Le spectacle que vous allez voir est composé de deux parties : mais dans la première, on ne parle en fait que de la seconde, on en définit les contours sensibles, on en dessine le besoin en creux.

Les deux parties sont de Marivaux, mais l'une — celle qui se jouera sur le plateau — est un conte noir, *La Dispute,* que l'auteur écrivit alors qu'il avait près de soixante ans et qu'il sentait le besoin de parler de la vie et de l'adolescence, tandis que l'autre — celle qui se jouera parmi vous dans la salle — nous l'avons tirée de ces vagabondages en prose qu'il écrivit sa vie durant et qui lui permettaient de parler légèrement des sujets les plus graves.

Voici, devant vous, au milieu de vous, un plateau. Voici des gens, un Prince, une Princesse, une Cour. Tout à l'heure, ils parleront de deux mondes : l'un est la Nature, cachée là, derrière le rideau du théâtre, c'est le plateau ; l'autre est le monde des Chimères, c'est-à-dire nous, la salle, les spectateurs.

Au milieu de ce paradoxe, l'abîme mystique : la fosse d'orchestre, un gouffre qui s'illumine au début des représentations quand on entre dans une salle, cette crevasse grinçante des instruments qui s'accordent, qui profèrent des oracles et d'où sortiront des sons, des concerts et des vapeurs sulfureuses, et que, l'heure venue, il faudra traverser pour passer dans l'autre monde.

Et voici un rayon de lumière qui se réfracte et un système solaire qui se met en branle : un cabinet de physique ou d'astronomie.

Et voici quelqu'un habillé de blanc qui cherche refuge parmi nous, c'est une Princesse, elle a fait un cauchemar, elle cherche à s'en souvenir, elle veut être seule, on la persécute ; le Prince, son amant, lui offre une fête, elle refuse et prend peur. Tous ces gens se comprennent à demi-mot, semble-t-il, et vivent dans l'impatience et l'inquiétude.

Une brève conversation s'instaure dont nous sommes les spectateurs, elle aura trois mouvements très rapides comme un concerto. La Princesse racontera son rêve ; c'était une étrange prémonition : elle a vu un palais dans un jardin, mais ce jardin était

abandonné, les fleurs y croupissaient, l'air était vide
de toute senteur, un jeune enfant était là, dans son
rêve, qui s'est offert à la guider : dans ce palais
magnifique vit un monstre qu'on appelle « Amour »,
et si les fleurs ne poussent plus, c'est, dit l'enfant, que
« l'amour ne règne plus parmi les hommes ».

Un calme précaire s'étend sur ces êtres inquiets, les
cœurs voudraient se reposer, chacun trouve alors un
peu de temps pour apprendre à se connaître et parle
fugitivement de soi ; c'est l'adagio de notre concerto,
un adagio fébrile.

Une jeune suivante pense que le plus sûr moyen de
reprendre le goût du plaisir est de s'y abandonner ;
une femme âgée, qui semble en savoir long, nous
résume sa vie, où tout n'était qu'amour sans qu'il n'en
ait jamais été question. Le Prince se taisait, maintenant il perd patience.

Le spectacle qu'on lui donne ici est insuffisant, il lui
faut des lucidités plus terribles. Et voici qu'il raconte à
son tour une histoire — une prémonition, encore.

Il jette en pâture à ce monde enfantin le spectacle de
la mort et se réjouit un peu de l'effroi qu'il provoque.
Enfin, il force les dernières défenses. Il avait parlé
d'une fête, il ne s'agit plus de cela. Il nous convie
plutôt à une fête noire, à une expérience terrible, il
faut sonder les rêves et les cœurs, explorer les gouffres
qui sont cachés en nous. Le soir tombe. Le Prince :
« Je vais vous donner un portrait des hommes avec qui
vous vivez, je vais vous lever le masque qu'ils portent.
Vous savez ce qu'ils paraissent et non pas ce qu'ils
sont. Vous ne connaissez point leurs âmes, vous allez
la voir au visage, et ce visage vaut la peine d'être vu. »

On se rebelle, on prend peur, rien n'y fait ; on passe
dans l'autre monde, le rideau s'ouvre. Et la cour
pénètre dans un lieu mystérieux, ce pourrait bien être
le palais dont la Princesse a rêvé, mais c'est autre
chose aussi. La forêt est bruissante, la lune laisse
apparaître des architectures et le Prince se plaît à
rappeler une dispute qui l'avait opposé la veille à la
Princesse. Dispute anodine, mais qui ouvre mainte-

nant sur un projet qui ne l'est point. » (P. Chéreau, *La Dispute*, 1976, in *Treatt-Chéreau*, Liko, 1984.)

Sur ce prologue en faux-vrai Marivaux, F. Regnault s'explique ainsi : « Les dramaturges, ces frères de lait ou de douleur, devraient bien quelquefois dire la vérité. Et d'abord qu'au théâtre, les plus mauvaises raisons sont souvent les meilleures. Et, par exemple, que rajouter un prologue à une pièce qui s'en passe, comme cela s'est vu souvent pour le meilleur et pour le pire, c'est parfois pour donner plus de rôle à une (grande) actrice[a], et non pour fourguer en catimini du « Lagarde et Michard » au public[1]. La dramaturgie, au sens récent, n'est pas une pédagogie [...]. Il fallait répondre à la question : qui sont ce Prince et cette femme, et qu'ont-ils fait pour en arriver à cette expérience cruciale sur l'inconstance des sexes effectuée sur des adolescents séquestrés depuis leur naissance, et maintenus dans la solitude ?

La règle fut, pour y répondre, de ne le faire qu'avec des textes de Marivaux, passages entiers, répliques, phrases isolées, le corpus étant l'œuvre de Marivaux, et rien d'autre. À force d'en lire, on se croit vite un virtuose. On trouve alors ce qu'on veut. Tout le grain est authentique, le tamis seul est d'emprunt. Le tamis, c'est l'idée qu'on se fait de ces deux personnes, de leur Cour et de leurs mœurs [...].

Peut-être ne serait-il pas trop métaphorique de considérer ce prologue comme une sorte de basse chiffrée ajustée au chant principal, la règle étant que dès que la Cour pénétrait sur le plateau en traversant la fosse sur une passerelle bancale, il ne se proférerait plus que la pièce de Marivaux. Accords un peu graves, donnés d'abord pour mieux faire résonner les mélo-

---

a. Le rôle d'Hermiane aurait dû être joué par Valentina Cortese (J.G.).

1. On mettra ici, pour faire comme chez Sterne, le nom de son Manuel familier (note de F.R.).

dies de la pièce et ses harmoniques, ou encore, voix
supplémentaires glissées dans le contre point général
(F. Regnault, *Disputations*, in *Chéreau, Les Voies de la
création théâtrale*, XIV, collec. *Les Arts du spectacle*,
édit. du C.N.R.S.).

Destiné peut-être à étoffer le rôle d'une grande
actrice, le prologue (*collage ? montage ?* F. Regnault
préfère l'appeler un *centon*) a d'abord pour effet de
faire durer une pièce en un acte, dense et dénudée,
aussi longtemps qu'une tragédie en cinq actes : la
lecture de *La Dispute* telle que Marivaux l'a écrite ne
peut donc donner nulle idée du spectacle somptueux
inventé par P. Chéreau, et scandé, comme aux jours
où Dieu travailla, par les sept battements sacrés d'une
semaine originelle. « Nos adolescents vont paraître,
voyez-les à l'œuvre : le temps d'un spectacle, ils vont
refaire l'apprentissage d'une vie, ils vont tout réinven-
ter, l'amour, la haine, la solitude.

« Sept fois le jour va se lever, sept fois le coq va
chanter. Il y aura des nuits longues et douloureuses et
il y aura de fausses nuits, ces merveilleuses nuits de
théâtre où le jour se lève en tremblant sitôt que la nuit
est tombée. » (P. Chéreau, texte cité.)

Les vingt scènes du texte marivaudien se soumettent donc au rythme mythique et initiatique imaginé
par le metteur en scène :

« À la fin de chaque nuitée, un rideau noir s'abaisse
puis se relève [...]. Il s'agit bel et bien d'un rite de
passage, de l'enfance à la puberté, le conte fantastique
et philosophique devient, à la scène, cérémonie initiatique, obligatoirement nocturne.

« Première nuit : on pousse le premier " enfant "
dans le jardin puis le second. Une fille, un garçon. Ils
n'ont pas vraiment dix-neuf ans. Ils baignent dans une
enfance prolongée, ignorante des tabous sexuels et de
la notion de péché. Chacun d'eux découvre l'autre.
Attirance. Envie de dominer.

« Deuxième nuit : découverte de soi-même. Égo-
centrisme. Besoin d'être admiré, de se mirer. Narcis-
sisme.

« Troisième nuit : séparation. La fille souffre de l'absence du garçon, de la solitude, le garçon pareillement.

« Quatrième nuit : la fille en rencontre un autre. Rivalité. Érotisme. La seconde fille s'est éprise d'un second garçon.

« Cinquième nuit : les deux garçons se rencontrent et lient amitié.

« Sixième nuit : mensonges, inconstance, trahison. Changements de partenaires. Églé (la première fille) enlève Mesrin (le deuxième garçon) à Adine. Azor se console avec Adine.

« Septième nuit : si Églé a " trompé " la première, les autres ne se sont pas montrés moins inconstants. Mais ils ont découvert la violence, le désespoir, la folie. Avec plus d'évidence en 1976, Azor s'est suicidé. Les auteurs de l'expérience sont accablés par ses résultats tragiques. » (Odette Aslan, *Un spectacle « matrice »* : *La Dispute*, in *Chéreau, Les Voies de la création théâtrale*, ouv. cité, p. 103.)

Cette dimension tragique est soulignée par d'autres effets spectaculaires :

« *L'Ode funèbre maçonnique* de Mozart retentit pendant sept longues minutes, précédant le prologue. Durant ce thème, initiatique lui aussi, de la fumée s'élève de la fosse d'orchestre, incandescente, hypnotique. Au début et au cours de l'expérience [la pièce de Marivaux], résonnent les trompettes d'une marche funèbre de la New Orleans. Les deux serviteurs noirs qui, chez Marivaux ont élevé les enfants, sont, dans la mise en scène, deux Noirs américains, ironiques et violents [...]. La bande son est très élaborée. Musique et bruits de la forêt sont mixés en direct au cours de chaque représentation et retransmis par de nombreux haut-parleurs dans la salle. » (Odette Aslan, *idem*, p. 105.)

La dualité de la musique (Mozart et jazz réunis par l'art de chanter la mort) répond à la division de l'espace. Le Prologue se dit sur un praticable carré de quatre mètres de côté, jeté au milieu des fauteuils d'orchestre : salon pour mondains désœuvrés et cabinet de physique avec instruments d'optique. À la fin du Prologue, le Prince jette une planche étroite entre le praticable et la scène au rideau fermé : la Cour et lui passent, par-dessus « l'abîme mystique », du « monde des Chimères, c'est-à-dire nous, la salle, les spectateurs » au monde de la Nature, caché derrière le rideau (P. Chéreau).

Alors s'ouvre, étrange, inquiétant comme un rêve réalisé, un espace lui aussi duel : forêt sombre, lunaire, grouillante, dans le halètement du vent, de cris d'oiseaux, de grillons, de crapauds, de corbeaux, de loups, mare remplie d'eau, sol de terre et de tourbe ; et devant, les pans de murs dressés d'un ancien palais, que de mystérieux ressorts font glisser, où portes, fenêtres, entailles, creusent des orbites vidées à la Chirico. L'expérience sauvage, épiée mais aussi ostensiblement réglée en cours de route par le Prince et Hermiane, va commencer, dans ce décor qui dit à la fois la Nature et le Théâtre, l'origine et l'artifice, le brut et le pervers. L'immémorial et le social ?

Le texte de Marivaux est interprété selon deux principes essentiels. Chéreau demande aux acteurs qui jouent les adolescents (adolescents plutôt que jeunes gens ; éternels adolescents...) de remonter à l'enfance du monde, avant les tabous et l'éducation, de remonter à leur propre commencement. « Les " enfants " de *La Dispute* vagissent à terre, poussent de petits cris, hoquètent, ont peine à tenir les yeux ouverts sur l'étrangeté du monde auquel on les livre soudainement. Les corps sont libérés de tout maintien appris, ils sont gauches, leurs mouvements maladroits : chaque partenaire est également malhabile et ne peut servir d'appui... » (Odette Aslan, ouv. cité.) Les manipulateurs, dont la présence est constamment réactivée par des jeux de scène, sont eux projetés en avant, vers Sade : « Marivaux tient la porte, Sade fait son entrée. » (P. Chéreau à J.-P. Leonardini, pour *l'Humanité* du 23 octobre 1973.) Chéreau aurait même imaginé qu'en bon libertin sadien, le Prince, une fois l'expérience accomplie et savourée, se débarrassât de ses cobayes : sa mise en scène ne le dit pas explicitement, mais tout le spectacle n'est-il pas « une fête noire », « le spectacle de la mort » ?

Fureurs et questions

« La presse ne lui ménagea ni les cris ni les adjectifs d'admiration. Certes Jean-Jacques Gautier[a] clama bien haut son " indignation ", sa " révolte " et son " écœurement " devant *La Dispute* (*Le Figaro*, 27-28 octobre 1973) et, appelé à la rescousse par *Le Point* (n° 69, 5 novembre 1973) le " grand spécialiste français de Marivaux ", Frédéric Deloffre, répéta le numéro de dénonciation qu'il avait mis au point il y a une quinzaine d'années, lors de la présentation de *La Seconde Surprise de l'Amour* par Roger Planchon : cette fois, c'est de " forfaiture à l'égard des auteurs " que, honteux " d'avoir été le complice d'une action vicieuse ", il accusa Chéreau — chacun d'eux n'appelant à rien de moins qu'à la censure du gouvernement — (" Mais je souhaiterais comprendre ce qui lui a ouvert la direction du Théâtre national populaire de France et savoir jusqu'où il lui sera permis d'aller dans la voie qu'il s'est tracée ", J.-J. Gautier). Mais ce ne furent là que quelques voix discordantes, dans le concert d'éloges à Chéreau. On en oublia même, généralement la remarquable réalisation de *La Dispute* par Jean-Marie Patte, en 1964, à la Vieille Grille » (B. Dort, *Marivaux « sauvage »*?, in *Travail théâtral*, n° 14, janvier-mars 1974, repris dans *Théâtre en jeu*).

B. Dort est de ceux qui, sans pâmoison ni exécration, se posèrent des questions. « Le jeu des enfants fait partie de leur jeu à eux [Le Prince, Hermiane] : un jeu d'amour et de contrainte. C'est un spectacle qu'ils se donnent [...].

a. Critique dramatique redouté, il s'était fait, au *Figaro*, une spécialité, et comme une réputation, de ce genre d'activité, qui le conduisit à l'Académie française (J.G.).

« Devant ce double jeu que le texte de Marivaux ne prévoit sans doute pas mais qu'il autorise, le spectateur éprouve une sorte de gêne. Il ne sait plus très bien où se situer. Doit-il faire comme le Prince et Hermiane et devenir le voyeur du spectacle que donnent ces enfants séquestrés ? Ou doit-il prendre du champ par rapport aux manipulateurs eux-mêmes, les voir et critiquer le théâtre assez infâme qu'ils se donnent ainsi ? À moins qu'il ne s'identifie, en fin de compte, à Hermiane, la victime présumée, et probablement consentante, du Prince ? Le jeu des comédiens, Roland Bertin en aristocrate passablement rastaquouère et Norma Bengell en victime qui jouit de sa passivité et de sa complicité, aussi transparent et linéaire que celui des adolescents est concret et troublé, va dans le sens de la dénonciation. Mais, passé le Prologue, l'action dévolue à ces personnages reste mince : elle ne nous renseigne guère sur la nature réelle de leur jeu. Ni sur la conclusion de celui-ci : répond-elle à leurs désirs ou, les dépassant, fait-elle " s'écrouler leurs croyances de l'humanisme des lumières " ? [P. Chéreau, dans une interview.] La question est sans réponse, et le spectateur ne peut que demeurer partagé entre sa condition de voyeur et celle de voyant [...]. Impossible de savoir si Hermiane et le Prince sont des bourreaux ou des initiateurs, s'ils penchent davantage vers Saint-Fond ou vers Zarastro.

« La même ambiguïté affecte les figures des serviteurs [...]. Ces sages sont aussi des bourreaux. Là encore, la nature et la société sont renvoyées dos à dos : la perversion est générale.

« J'entends bien que ce constat de faillite n'est pas étranger, sinon à la problématique de Marivaux, du moins à celle du XVIIIᵉ siècle finissant. Que Chéreau ait déplacé de vingt ou trente ans le moment idéologique de La Dispute, cela me semble un péché véniel. Mais qu'ainsi, loin d'accroître la complexité et la richesse de la pièce de Marivaux, il en réduise la portée, voilà ce qui me gêne. À une réflexion sur les rapports de l'homme et de la société, de la nature et de la culture,

Chéreau substitue l'image d'une triple dégradation,
celle des adultes, celle des enfants et celle des
" autres " [...].

« Suivant au pied de la lettre les indications de
Marivaux et exploitant, avec une rare intelligence,
certaines des situations esquissées plutôt que dessinées
dans le texte, Chéreau en occulte toutefois un élé-
ment : le langage. Il montre bien la séquestration des
adolescents, leur découverte de leur corps, les jeux des
seigneurs et la duplicité des serviteurs, mais il ne
s'arrête guère à ce fait essentiel : c'est que ces
adolescents, ces seigneurs et même ces serviteurs
partagent le même langage [...]. Par là, ces enfants
échappent d'emblée au statut de l'enfant sauvage :
leur appartenance à la nature est déjà, de part en part,
traversée par la société. Et si leur aventure se situe au
niveau des corps, elle se déroule aussi dans et par le
langage [...]. L'usage de la langue est peut-être ce qui
conduit à l'inconstance [...]. Il introduit une distance
et un regard (langue et miroir et portrait sont par là
intimement liés) dans la proximité des corps. A
mesure, dans *La Dispute*, la parole envahit la scène,
complique rapports et situations [...]. Or, les comédiens de Chéreau semblent s'efforcer de gommer le
langage. Ils le désarticulent, le soumettent à la situation vécue, comme s'il s'agissait d'un texte qui ne fasse
qu'exprimer des sentiments ou des réactions à des
événements — au point qu'il en devient parfois
inaudible. Du même coup, tout change : ici, c'est la
perversité conjuguée de la nature et de la société qui
est l'objet de la représentation ; chez Marivaux, c'était
la condition de la vie en société. *La Dispute* était une
éducation sociale ; elle devient un cauchemar où tous
s'abîment. Loin de découvrir l'usage des masques et
des déguisements, les adolescents voient leurs vête-
ments tomber en loques et n'ont plus d'autre recours
que la fuite dans la forêt (c'est, semble-t-il, la solution
qu'ils choisissent à la fin) au milieu des ululements des
bêtes, ou dans la folie, voire dans l'idiotie [...].

« Marivaux nous montrait que la vie et le théâtre

vont de pair ; Chéreau les annule l'un par l'autre. L'un décrivait " la règle du jeu " ; l'autre maudit toute règle du jeu [...]. Chéreau s'abandonne à la nostalgie d'une enfance à jamais perdue, manipulée par des adultes et trahie par elle-même dans l'enfer de la société [...]. Il lui manque une dimension essentielle : celle du constat social marivaudien. Au fond, ce n'est pas trente ans qui séparent le moment idéologique de cette *Dispute* de celui de Marivaux ; c'est plus d'un siècle. Chéreau en reste au romantisme. S'il dénonce à juste titre la fausseté de l'optimisme des lumières, c'est au nom d'un moralisme puritain qui sent son XIXe siècle.

« Peut-être est-ce cela qu'un public un peu trop parisien a applaudi dans *La Dispute* : la conversion d'une pièce lucide et cruelle, d'une œuvre d'une profonde socialité en un lamento funèbre sur la dégradation universelle, celle aussi d'un jeu où le théâtre et la réalité se contrôlent mutuellement en un spectacle où ils s'annulent dans la fascination d'un lunaire paysage de mort. » (B. Dort, *Marivaux « sauvage »* ?, art. cité [1].)

Le sexe des pièces

Qu'est-ce que réinterpréter un classique ? On peut le réécrire (Brecht ne s'en est pas privé), le rejouer autrement, ou bien, comme Chéreau dans *La Dispute*, coupler réinvention scénique et montage textuel. Les classiques appartiennent à tous et à chacun, et le bras séculier n'a plus charge de punir le sacrilège, fût-ce à la demande éclairée d'universitaires patentés, qui devraient, à la réflexion, se résigner à abandonner ces rudes missions aux églises et aux veuves d'écrivains.

D'une pièce dense, elliptique, presque décharnée, Chéreau a fait, par l'alchimie du théâtre et le secours d'un Prologue, un opéra magique, une fête nocturne, maléfique, mortelle — belle comme une blessure.

---

1. Il est impossible de reproduire ici la remarquable réponse de F. Regnault (*Disputations*, in *Les Voies de la création théâtrale*, XIV, coll. *Les Arts du spectacle*, 1986, pp. 115-121).

On en devine le prix. Tant de beauté poignante se paie. Du côté de l'histoire, de l'idéologie, de la « vérité » de l'anthropologie marivaudienne dont *La Dispute* allégorise et durcit le noyau ? Sans doute. Mais est-ce bien là l'essentiel ? N'est-ce pas l'effet obligé d'un choix antérieur bien plus décisif ? Car, comme toujours, les cœurs blessés et les yeux éblouis répugnent au rire. Le rire étrange et satanique qui dérange la beauté des rêves. Plutôt mille fois la déréliction tragique que l'insupportable comique... Tel serait alors le vrai ressort et le banal secret de ce somptueux travail : installer la mort pour tuer le rire. Voilà somme toute qui rassure : on peut donc faire de grandes choses avec une idée simple ? En poussant jusqu'au bout, jusqu'au drame, l'incurable esprit de sérieux post-rousseauiste ? Ce n'est pas le moindre paradoxe de cette mise en scène à visée sadienne que d'exclure si farouchement ce qu'il y a de plus satanique au théâtre — le comique. Rousseau et Bossuet, eux, ne s'y étaient pas trompés.

Transformer une comédie en tragédie est une tentation irrésistible, qui fait toujours impression. Mais c'est une idée presque ingénue, car enfin Diderot et Beaumarchais l'ont dit depuis longtemps : ce n'est pas le sujet, mais le traitement, qui fait le genre d'une œuvre de théâtre. L'esthétique vériste du drame bourgeois appelait l'invention de cet inconnu, le metteur en scène. Ni Beaumarchais ni Diderot, qui ne composaient qu'avec le public et les comédiens, ne pouvaient deviner que le sexe d'une pièce dépendrait aussi de ce nouveau venu sorti des coulisses. Au fond, en forçant la petite pièce de Marivaux à cette radicale inconstance (genre et forme), Chéreau ne pratique pas sur *La Dispute*, si longtemps séquestrée, une expérience moins violente que celle du Prince.

Élu académicien en décembre 1742, Marivaux se devait de présenter le petit acte de *La Dispute* aux Comédiens-Français. Lue le 22 septembre 1744 devant la troupe, la pièce fut accueillie avec chaleur et montée sans retard. Le public (571 spectateurs) la bouda pourtant si sévèrement qu'elle n'eut droit qu'à une seule représentation, le 19 octobre, et disparut du répertoire jusqu'en... 1938. On a vu que B. Dort loue la mise en scène de J.-M. Patte, en 1964, à La Vieille Grille, mais c'est évidemment à P. Chéreau (1973 et 1976) qu'elle doit son renom et son noir éclat.

Texte du Prologue de LA DISPUTE

François Regnault

SCÈNE PREMIÈRE

Hermiane paraît comme fâchée, accompagnée de trois femmes.

PREMIÈRE FEMME[1]

Madame, écoutez-moi.

HERMIANE

Vous m'ennuyez.

PREMIÈRE FEMME

Ne faut-il pas être raisonnable ?

HERMIANE

Non, il ne faut pas l'être, et je ne le serai point.

PREMIÈRE FEMME

Cependant...

1. Marivaux, *La Double Inconstance*, *Théâtre complet*, Paris, Éd. Garnier, tome I, p. 255.

Hermiane

Cependant, je ne veux point avoir de raison et quand vous recommenceriez cinquante fois votre cependant, je n'en veux point avoir : que ferez-vous là ?

Première Femme

Vous avez soupé hier si légèrement, que vous serez malade, si vous ne prenez rien ce matin.

Hermiane

Et moi, je hais la santé, et je suis bien aise d'être malade. Ainsi, vous n'avez qu'à renvoyer tout ce qu'on m'apporte ; car je ne veux aujourd'hui ni déjeuner, ni dîner, ni souper ; demain la même chose. Je ne veux qu'être fâchée, et si vous voulez que je devienne folle, vous n'avez qu'à me prêcher d'être plus raisonnable, cela sera bientôt fait.

Première Femme

Ma foi, je ne m'y jouerai pas, je vois bien que vous me tiendriez parole. Si j'osais cependant...

[* Hermiane

Ne voilà-t-il pas encore un cependant ?

Première Femme [1]

En vérité, celui-là m'est échappé, mais je n'en dirai plus, je me corrigerai.]

Hermiane

Vous ne vous corrigez pas.

---

* *Les passages entre crochets ont été soit supprimés, soit déplacés. Ce texte de travail ne tient pas compte des remaniements opérés au cours des dernières répétitions.*
1. *Ibid.*, p. 256.

Deuxième Femme

Je vous prierai seulement de considérer que c'est le Prince votre ami qui vous aime...

Hermiane

Je ne l'empêche pas, il est le maître ; mais faut-il que je l'aime, moi ? Non, et il ne le faut pas, parce que je ne le puis pas ; cela va tout seul, un enfant le verrait, et vous ne le voyez pas.

Première Femme

Songez depuis deux ans que vous êtes ici, comme il vous traite. Voyez les honneurs qu'il vous fait rendre, le nombre de femmes qui sont à votre suite, les amusement qu'on tâche de vous procurer par ses ordres [1]... Tout n'annonce-t-il pas la fête...

Hermiane

Dites-moi, vous et toutes celles qui me parlent, vous a-t-on mises avec moi, vous a-t-on payées pour m'impatienter, pour me tenir des discours qui n'ont pas le sens commun, qui me font pitié ?

Première Femme [2]

Mais daignez, s'il vous plaît, me dire en quoi je me trompe.

Hermiane

Oui, je vais vous le dire, en quoi, oui [3]... Vous rappelez-vous l'entretien que nous eûmes hier soir, le Prince et moi, et cette douceur que nous nous figurions tous deux à parler ensemble dans la plus intime confiance, sans avoir de secrets l'un pour

---

1. *La Dispute, Théâtre complet,* tome II, p. 663.
2. *La Double Inconstance, Théâtre complet,* tome I, p. 257.
3. *La Mère confidente, Théâtre complet,* tome II, p. 245.

l'autre ; vous en souvenez-vous [1] ! La conversation
roula sur l'amour. Il me fit un portrait des manières
d'aimer de son sexe, et je lui peignis l'espèce d'amour
qui régnait dans le nôtre. Ce sujet fut, entre nous, une
matière de dispute et nous nous retirâmes un peu plus
éloignés de nous accorder que nous ne l'avions été
d'abord. J'allai me coucher, l'esprit rempli de la
question que nous avions agitée [2] et je me sentis saisie
de la tristesse la plus profonde, je ne savais pourquoi...

PREMIÈRE FEMME [3]

Ah ! j'entends. Je sais votre nuit par cœur.

HERMIANE

Vous le savez ? Vous rêvez.

PREMIÈRE FEMME

L'exercice de toutes ces nuits-là est uniforme.
Tenez, je dirais de la vôtre le commencement, le
milieu et la fin, par ordre alphabétique : gageons que
c'est d'abord une réflexion cruelle qui produit un
soupir douloureux [4]. Après, on se parle à soi-même : ô
fille infortunée ! etc. Ensuite, il y a des pauses, je veux
dire qu'on se tait, qu'on parle, qu'on s'agite : une
famille de nouveaux soupirs naît encore de tout cela ;
ils ont aussi pour enfants de nouvelles apostrophes à la
nuit, au lit où l'on repose, à la chambre où l'on est ; car
dans cet état le cœur fait inventaire de tout ; dites-moi
la vérité ; voilà la généalogie des actions de votre nuit ;
à la pointe du jour, vous vous êtes endormie d'abatte-
ment, et je gage encore que votre sommeil était

---

1. *Le Spectateur français*, in *Journaux et œuvres diverses*, Paris, Éd.
Garnier, p. 127.
2. *La Seconde Surprise de l'amour, Théâtre complet*, tome I,
p. 722.
3. « Suite de la lettre de Mr de M. » in *Journaux et œuvres
diverses, op. cit.*, p. 83.
4. *Ibid.*, p. 84.

orageux, nuisible à l'estomac par la quantité des
soupirs qui l'ont gonflé.

HERMIANE [1]

Qu'une femme à ma place est à plaindre d'avoir pris
de l'amour [2]. [Après tant de railleries.] Vous ne
méritez pas que je vous confie ce que j'ai rêvé cette
nuit [3]. [Ah ! je ne sais où j'en suis ; respirons] ; d'où
vient que je soupire ? Les larmes me coulent des
yeux [4]. Hélas ! il y a bien longtemps que je vis.

DEUXIÈME FEMME

Bien longtemps ? Vous vous trompez, à proprement
parler nous vivons seulement dans cet instant-ci qui
passe ; il en revient un autre qui n'est déjà plus, où j'ai
vécu, il est vrai, mais où je ne suis plus, et c'est comme
si je n'avais pas été. Ainsi ne pourrions-nous pas dire
que notre vie ne dure pas, qu'elle commence toujours [5] ? [Un enfant naît en ce moment où je parle, et
dans mon sens, toute vieille que je suis, il est déjà aussi
ancien que moi :] voilà ce qui m'en semble.

HERMIANE

Je dois me condamner à m'ennuyer toute ma vie.
[Je sens que je n'oserai plus aimer personne [6].] Ce
n'est pourtant pas le plaisir d'avoir de l'amour que je
regrette, on vit bien sans cela ; on n'a que faire
d'amant pour être heureuse ; mais du plaisir d'avoir
un ami, comment s'en passer ? N'est-ce pas être seule
en ce monde, que de n'y avoir pas un cœur à qui l'on
puisse ouvrir le sien ?

1. *Le Spectateur français, op. cit.*, p. 121.
2. « Suite de la lettre de Mr de M. », *op. cit.*, p. 84.
3. *La Seconde Surprise de l'amour, op. cit.*, p. 721.
4. *Le Spectateur français, op. cit.*, p. 207.
5. *Le Spectateur français, op. cit.*, p. 208.
6. « Le Cabinet du philosophe » in *Journaux et œuvres diverses,
op. cit.*, p. 394.

Deuxième Femme

Pas un ! Ah, c'est trop dire ; les honnêtes gens sont rares, j'en conviens, mais il y en a. Par exemple, vous, Madame, ne sentez-vous pas bien que vous êtes incapable d'une perfidie ?

Hermiane

Le fond de mon cœur m'en assure ; mais cependant je pardonnerais à quiconque craindrait de se fier à moi [1]. Le Prince ne vient point. Qu'on aille lui dire que je l'attends.

Première Femme

Voici le Prince qui vient, Madame.

SCÈNE II

I

Hermiane

Je vous demandais, Seigneur.

Le Prince [1]

Vous me paraissez bien agitée, Hermiane. [Je suis d'avis d'une chose, que nous disions qu'on nous apporte des sièges pour prendre l'air assis, et pour écouter les discours galants que vous m'allez tenir ; il faut bien jouir de notre état, en goûter le plaisir.]

Hermiane [2]

Eh bien ! Seigneur, qui me vantez tant les honneurs que j'ai ici, qu'ai-je affaire de ces quatre ou cinq fainéantes qui m'espionnent toujours ?

1. *Le Prince travesti, Théâtre complet*, tome I, p. 335.
2. *La Double Inconstance, op. cit.*, p. 257.

Le Prince

Pouvons-nous être sans elles ? C'est notre suite.

Hermiane [1]

Retournez-vous-en ! Je n'ai pas besoin de vous.

Première Femme

Retournez-vous-en ! Les personnes affligées ne doivent point rester seules.

Hermiane

Ce sont mes affaires : laissez-moi.

Première Femme

Cela ne fait qu'aumenter leur tristesse.

Hermiane

Ma tristesse me plaît.

Le Prince

Et c'est à ceux qui vous aiment à vous secourir dans cet état-là : je ne veux pas vous laisser mourir de chagrin.

Hermiane [2]

Il est vrai que votre zèle est fort bien entendu : pour m'empêcher d'être triste, il me met en colère.

Première Femme [2]

Eh bien, cela distrait toujours un peu. Il vaut mieux quereller que soupirer.

---

1. *La Seconde Surprise de l'amour, op. cit.*, p. 673.
2. *Ibid.*, p. 676.

Le Prince [1]

Pour moi, je ne saurais vous exprimer le repos, la liberté, l'indépendance dont je jouis. Je suis né de façon que tout me devient matière à réflexion ; c'est comme une philosophie de tempérament que j'ai reçue et que le moindre objet met en exercice. Je suis à la comédie depuis le matin jusqu'au soir. *(Se promenant sur le théâtre.)* Promenons-nous plutôt de cette manière-là tout en conversant. Remarquez-vous, Madame, la clarté du jour ?

Hermiane

Il fait le plus beau temps du monde ; on appelle cela un jour tendre.

Le Prince

Un jour tendre ? Je ressemble donc au jour, Madame [2]. Et puisque ce jour, c'est celui de votre naissance, ma Cour, suivant l'usage, vous donne aujourd'hui une fête que vous allez voir.

Hermiane

Seigneur, les fêtes ne me conviennent pas.

Le Prince [3]

Mais Madame, je vous ai ordonné une fête pour ce soir.

Hermiane [4]

Que m'importe toute cette musique, ces concerts et cette danse dont on croit me régaler ! [J'aimerais mieux danser moi-même que de voir danser les autres,

1. « Le Cabinet du philosophe », *op. cit.*, p. 390.
2. *Le Prince travesti, op. cit.*, p. 352.
3. *Le Triomphe de Plutus, Théâtre complet*, tome I, p. 758.
4. *La Double Inconstance, op. cit.*, p. 257.

entendez-vous ? Et on veut que je sois heureuse avec
cela [1] !] Laissez-moi, je dois soupirer toute ma vie.

DEUXIÈME FEMME

Vous devez, dites-vous ? Oh ! vous ne payerez
jamais cette dette-là ; vous êtes trop jeune, elle ne
saurait être sérieuse.

HERMIANE [2]

C'est que j'en suis aux agitations qui ont tourmenté
mon cœur pendant la nuit [3]. Un rêve m'a fait triste-
ment ressouvenir d'un amant que j'avais et qui est
mort [4]. [Je ne l'oublierai jamais.] En vérité tout est
perdu quand vous perdez cela.

LE PRINCE [5]

Tout est perdu ! Vous me faites trembler ; est-ce
que tous les hommes sont morts ?

HERMIANE

Eh ! que m'importe qu'il reste des hommes ?

UNE FEMME

Voilà une pensée qui n'est pas de ce monde.

LE PRINCE

Voyez ce que c'est : quand vous aimiez la vie, peut-
être que vous n'étiez pas si belle, la peine de vivre vous
donne un air plus vif et plus mutin dans les yeux.

---

1. *La Seconde Surprise de l'amour*, op. cit., p. 676.
2. « Suite de la lettre de Mr de M. », *op. cit.*, p. 83.
3. *La Double Inconstance*, op. cit., p. 274.
4. *Le Prince travesti*, op. cit., p. 339.
5. *La Seconde Surprise de l'amour*, op. cit., p. 676.

Hermiane

Eh ! ce que je dis là n'est que trop vrai : il n'y a plus
de consolation pour moi, il n'y en a plus.

Le Prince[1]

Ne cédez point à votre douleur. Hier vous partagiez
mes chagrins, vous étiez sensible à la part que je
prenais aux vôtres, pourquoi n'êtes-vous plus la
même ? C'est cela qui me rebuterait, par exemple, car
la véritable amitié veut qu'on fasse quelque chose pour
elle, elle veut consoler.

Hermiane

Aussi aurait-elle bien du pouvoir sur moi ; [si je la
retrouvais, personne au monde n'y serait plus sensible ; j'ai le cœur fait pour elle ;] mais où est-elle ? Je
m'imaginais l'avoir trouvée, me voilà détrompée, et ce
n'est pas sans qu'il en coûte à mon cœur.

Le Prince

Peut-on de reproche plus injuste que celui que vous
me faites ? De quoi vous plaignez-vous, voyons ?

Hermiane[2]

Je m'ennuie.

Le Prince

En voilà donc assez : nous allons tâcher de vous
divertir[3] ; car vous êtes bien fraîche pour une personne qui souffre tant, et je vous conseille de batailler
toujours contre la vie : cela réussit on ne peut pas
mieux.

---

1. *Ibid.*, p. 710.
2. *Arlequin poli par l'amour, Théâtre complet*, tome I, p. 90.
3. *La Seconde Surprise de l'amour, op. cit.*, pp. 676-677.

HERMIANE

Vous êtes fou ! Je n'ai pas fermé l'œil de la nuit.

LE PRINCE

N'auriez-vous pas dormi en rêvant que vous ne dormiez point ? Car vous avez le teint bien reposé ; mais vous êtes un peu trop négligée et je suis d'avis de vous arranger un peu la tête. (*Aux femmes.*) Qu'on lui montre le miroir.

HERMIANE

Qu'allez-vous faire ? Je n'en veux point.

LE PRINCE

Vous n'en voulez point ! Vous refusez mon miroir, Madame ! Savez-vous bien que vous me faites peur ? Cela serait sérieux, pour le coup, et nous allons voir cela : il ne sera pas dit que vous serez charmante impunément. Allons, divertissez-vous ; les musiciens sont payés, la fête est prête, qu'on l'exécute ! Il faut que vous la voyiez et que cela vous console, et qu'il vous plaise de vivre.

HERMIANE [1]

En est-ce assez ? Êtes-vous heureux ? Non, vous vous plaindrez encore. Mon malheur n'est pas au point où vous le voudriez : vous aspirez à me rendre encore plus misérable, et vous avez raison. Eh bien ! Je suis dans le trouble, dans la douleur, dans les larmes. Je suis bien digne de l'outrage que me font vos desseins, mais que fais-je ? Puis-je rien démêler dans mon cœur ? Je veux me chercher, et je me perds. [Oh ! Ciel ! Que je suis égarée ! Qu'une femme à ma place est à plaindre d'avoir pris de l'amour ! Quelle punition pour elle que le plaisir qu'il lui fait ! Grâce au Ciel ! J'y

---

1. *Le Spectateur français, op. cit.*, p. 121.

renonce, à ce plaisir ; je le déteste ; je vais redevenir vertueuse, je retrouverai le plaisir que j'avais à l'être.]

Le Prince

Mais ne finirez-vous jamais ? Ce que vous dites ne ressemble point à ce que vous voulez dire.

Hermiane

Je ne veux plus aimer.

Le Prince

Vous le pensez, et toujours vous répétez que vous aimez.

Hermiane

Jugez-en vous-même. Je me couchai hier triste, vaine et humiliée [1]. [J'avais l'esprit rempli de la question que nous avions agitée, Seigneur.] Le sommeil me prit, mais tout est empoisonné, tout devient amour dès que j'y songe. Dans cet état, je fis donc un rêve assez singulier et je ne puis m'empêcher de vous le raconter [2]. C'est un rêve qui ne roule que sur l'amour.

Le Prince [3]

C'est de l'amour dont il s'agit. Eh bien, de l'amour, Hermiane ! Le croyez-vous une bagatelle ?

Hermiane

Je rêvai que je me trouvais au milieu d'une vaste campagne partagée en deux terres de différente nature. À droite, ce n'était que fleurs odoriférantes, et qu'arbres fruitiers ; mais ces fleurs étaient sèches et

1. *Ibid.*, p. 127.
2. *Ibid.*, p. 132.
3. *Ibid.*, p. 139.

fanées, et les arbres mouraient de vieillesse. La
campagne, de ce côté, me paraissait abandonnée, elle
était devenue sauvage. [Pourquoi, disais-je, laisse-t-on
inculte un pays naturellement si fertile[1] ?] Alors, en
jetant ma vue un peu plus loin, je découvris un palais.
[L'architecture en était noble et majestueuse ; les
grâces s'y mariaient avec la majesté, et leur accord
donnait à l'édifice un aspect touchant et respectable.]
Je jugeai par quelques ruines que ce devait être un
ancien monument ; et je regardais avec application,
quand, au travers de quelques arbres, il parut un
jeune homme dont la beauté me surprit ; cependant, je
remarquai quelque tristesse sur son visage ; il sourit en
me voyant et je m'avançai respectueusement vers lui,
pour lui demander où j'étais. [Madame ! Vous êtes en
peine, me dit-il, et vous ne comprenez rien à tout ce
que vous voyez. J'allais vous prier de m'instruire, lui
répondis-je. Je le veux bien, me dit-il. Vous voici dans
les terres de l'amour ; ce palais antique est sa
demeure.] De grâce, expliquez-moi, lui dis-je, ce que
signifient ces arbres, ces fleurs fanées dont l'odeur me
réjouit encore. Cette terre me paraît excellente ;
pourquoi ne la cultive-t-on point ? Ce n'est plus qu'un
désert. [L'amour manque-t-il de sujets ?] Tout ce que
vous voyez, me dit-il, est une image des effets que
produisit autrefois l'amour chez les hommes. Cette
terre figure leur âme ; ces fleurs et ces arbres sont les
vertus que l'amour y faisait naître ; [l'état mourant
dans lequel vous paraissent toutes ces choses, vous
marque qu'elles sont anciennes.] Cette terre ne produit aujourd'hui ni fleurs fraîches ni arbres nouveaux ;
c'est que l'amour ne règne plus parmi les hommes.

DEUXIÈME FEMME[2]

Pour moi, je crois que c'est un pays de magie, où un
naufrage vous a fait aborder.

1. *Ibid.*, p. 140.
2. *L'Île de la raison, Théâtre complet*, tome I, p. 605.

Hermiane [1]

Mais avançons vers ce palais qui a frappé vos
regards, me dit [alors] ce jeune homme ; il est temps
que vous connaissiez l'amour et sa suite, [que vous
appreniez ce qu'était autrefois son règne, par quelles
actions éclatait le penchant dont il liait les âmes, et
comment s'aimaient les deux sexes. Nous descendrons
dans les jardins de l'amour, vous y verrez des amants ;
vous y verrez du moins des figures qui vous instrui-
ront autant que ferait la réalité ;] et quand vous aurez
visité ce canton où nous sommes, on vous conduira
dans cette autre terre que vous avez remarquée
différente de celle où vous êtes. Là vous verrez un
monstre qu'on appelle AMOUR ; mais marchons, et
songez à profiter de tout ce qu'on va vous montrer. Je
vous l'avoue, à mon réveil je fus bien une bonne heure
où il me sembla que tout était désert dans le monde, et
que tout m'avait abandonnée.

II

Le Prince [2]

Vous me savez donc bien mauvais gré de vous avoir
conviée ici [3]. Combien de fois me suis-je aperçu que je
vous fatiguais, que je vous étais désagréable ?

Hermiane

Pourquoi me dites-vous cela ?

Le Prince [4]

C'est que je vois le temps où ceux qui vous
entourent ne sont pour vous que des figures qui

---

1. *Le Spectateur français*, op. cit., p. 142.
2. « L'Éducation d'un prince », in *Journaux et œuvres diverses*,
op. cit., p. 515.
3. *Ibid.*, p. 516.
4. *Ibid.*, p. 517.

amusent vos yeux ; vous ne savez pas que ce sont des hommes qui pensent, qui vous examinent et qui vous aiment [1]. Nous allons bientôt nous auitter, et j'ai besoin aujourd'hui que vous m'aimiez un peu ; mais c'est pour vous que j'en ai besoin, et non pas pour moi ; c'est que vous m'en écoutiez plus volontiers sur ce qui me reste à vous dire.

HERMIANE

Parlez, Seigneur ; je sais que le temps presse, et que nous n'avons pas longtemps à demeurer ensemble.

[LE PRINCE [2]

Il ne tiendrait qu'à moi de vous être extrêmement agréable et de gagner pour jamais vos bonnes grâces ; ce ne serait qu'à vos dépens, à la vérité.

HERMIANE

À mes dépens, dites-vous ?]

LE PRINCE

Oh ! Je n'ai qu'à vous trahir pour vous plaire, qu'à laisser votre cœur et votre esprit devenir ce qu'ils peuvent, qu'à vous abandonner à vos humeurs, à vos impatiences, à vos volontés impétueuses, à votre dégoût pour tout ce qui n'est pas dissipation et plaisir, à l'insatiable envie de sentir que vous êtes aimable, à un goût dominant pour tout ce qui vous en fait preuve.

HERMIANE [3]

[Juste ciel ! ces réflexions m'attendrissent sur moi. Il faut vous l'avouer ; je ne suis point faite là-dessus comme les autres femmes ; ce n'est pas même à force

1. *Ibid.*, p. 518.
2. *Ibid.*, pp. 516-517.
3. « Suite de la lettre de Mr de M. », *op. cit.*, p. 97.

d'esprit et de finesse que je me démêle de ces intrigues ;] voyez-vous, Seigneur, si j'ai quatre amants, j'ai pour moi-même un amour de la valeur de tout celui qu'ils ont pour moi. Oh ! il faut que vous sachiez que le plaisir de s'aimer si prodigieusement produit naturellement l'envie de s'aimer encore davantage ; et quand un nouvel amant m'acquiert ce droit ; quand je me vois les délices de ses yeux, je ne puis vous exprimer ce que je deviens aux miens. Mes conquêtes présentes et passées s'offrent à moi ; je vois que j'ai su plaire indistinctement et je conclus, en tressaillant d'orgueil et de joie, que j'aurais autant d'amants qu'il y a d'hommes, s'il était possible d'exercer mes yeux sur eux tous.

Première Femme [1]

Mais, Madame, rien ne nuit tant à l'amour que de s'y rendre sans façon. Bien souvent, il vit de la résistance qu'on lui fait, et ne devient plus qu'une bagatelle quand on le laisse en repos. Tenez, [j'ai trouvé que] la raison nous rend nos plaisirs plus chers en les condamnant. Si l'on s'y arrache, on en souffre, et en souffrant, on croit se refuser à des délices ; le plus court pour en perdre le goût, c'est de se les permettre.

Deuxième Femme [2]

[Je suis vieille, réfléchir sur ces matières-là est, je vois, un tribut qu'il faut payer une fois en sa vie, il vaudrait mieux le payer quand on est jeune, cela procurerait une vie plus tranquille et plus innocente [3].] Le peu de progrès que j'ai fait moi-même dans cette étude me persuade que je dois, si je puis, aider au progrès que vous y pouvez faire. Le secours que j'ai à vous donner, c'est l'histoire de ma vie. Cela pourra vous amuser et je ne serai pas longue.

---

1. « Suite de la lettre de Mr de M. », *op. cit.*, p. 87.
2. *Le Spectateur français*, *op. cit.*, p. 208.
3. *Ibid.*, p. 232.

Première Femme

Venons-en donc à vous.

Deuxième Femme [1]

On me maria à dix-huit ans, je dis qu'on me maria, car je n'eus point de part à cela ; mon père et ma mère me promirent à mon mari que je ne connaissais pas. Mon mari me prit sans me connaître et nous n'avons point fait d'autre connaissance ensemble que celle de nous trouver mariés, de sorte que j'aurais dit volontiers : quel est donc cet étranger dont je suis la femme ? Cet étranger, cependant, était un fort honnête homme avec qui j'ai vécu comme avec le meilleur ami du monde, car je n'eus jamais pour lui ce qu'on appelle amour, il ne m'en demanda jamais, nous n'y songeâmes ni l'un ni l'autre, et nous nous sommes très tendrement aimés sans cela.

[Hermiane [2]

Quoi ! Nous sommes-nous avisés de traiter de l'amour sur ce pied-là ?

Première Femme

Toute femme entend qu'on la désire quand on lui dit : « je vous aime » et ne sait bon gré du « je vous aime » qu'à cause qu'il signifie « je vous désire ».

Deuxième Femme

Vient-il en retour un objet qu'elles aimeront ? Elles pourront le chercher, mais sans savoir qu'elles le cherchent : le désir de le revoir est si caché, si loin d'elles, si reculé de leur propre connaissance, qu'il les mène sans se montrer à elles, sans qu'elles s'en doutent.

1. *Ibid.*, p. 208.
2. *Ibid.*, p. 206.

Première Femme

À la fin pourtant, le désir se montre, il parle en elles, elles le sentent ; le tout, c'est d'aller, de chercher l'objet et de se dire : je le cherche.

Hermiane

Que de choses faut-il savoir que nous ne savons pas, dont la première est Nous, qui sommes une énigme à nous-mêmes ! C'est donc en aimant que notre âme rentre dans le droit qu'elle a de connaître.]

Hermiane [1]

Il est vrai. Quelque lot que vous choisissiez, vous n'en serez ni mieux ni plus mal. Voilà à quoi aboutissent le bonheur ou le malheur de cette vie : peines passées, plaisirs passés, tout se confond, tout est égal.

[Hermiane

Suis-je libertine au moins ? Se pardonner quelque amour dans le cœur n'est pas un si grand crime. Ne vois-je pas bien les regards que savent porter mes yeux ; je les admire : j'en deviens amoureuse ; le charme m'en émeut intérieurement ; je brûle de trouver quelqu'un qui les éprouve ; et si, chemin faisant, il se présente un objet pour qui mon cœur se déclare, c'est une aventure agréable, un bénéfice dont je jouis par surcroît, et qui dure autant qu'il peut.]

Le Prince [2]

Votre raison a fait du progrès sans doute ; mais prenez garde [3], il y a encore des étourdissements où l'on peut tomber, et qui empêchent qu'on ne connaisse les autres et qu'on ne se connaisse soi-

---

1. *Ibid.*, p. 208.
2. « L'Éducation d'un prince », *op. cit.*, p. 519.
3. *Ibid.*, p. 522.

même ; on ne sait pas trop ce qu'on est ni pour qui l'on se prend ; on ne se définit point. Seules nos lumières rendraient un pareil oubli de soi-même impossible.

HERMIANE [1]

Ne nous donner que des lumières, ce n'est encore embrasser que la moitié de ce que nous sommes, et même la moité qui nous est indifférente. [Peignez la nature à un certain point, Seigneur, mais abstenez-vous de la saisir dans ce qu'elle a de trop caché sinon vous paraîtrez aller plus loin qu'elle, ou la manquer.] Nous nous soucions bien moins de nous connaître que de jouir, et l'âme jouit quand elle sent.

LE PRINCE

Dans la nature [2]. Eh bien ! Hermiane, laissez-moi céder à des réflexions moins amusantes, mais plus instructives, et payer ainsi votre rêve par une aventure un peu singulière. [Je ne vous presserai point de la croire ; vous pouvez la regarder comme un pur jeu de l'esprit, elle a l'air de cela. Cependant,] C'est ainsi qu'elle est arrivée. Il y a de cela quelques jours, je rêvai qu'on m'avait invité à venir dîner. J'y allai au jour marqué. Le portier me laisse entrer sans me rien dire : je monte, je rencontre une femme de chambre qui pleure, et passe sans me voir ; je parviens jusqu'à la chambre de la dame, avec qui je suis fort lié ; je la vois par-derrière dans un fauteuil ; d'aussi loin que je l'aperçois, je cours à elle pour la surprendre et l'embrasser : je me jette à son col ; dans l'instant, j'entends des cris et des sanglots dans un cabinet prochain, et je vois que c'est une femme morte que je tiens embrassée. Tout mon sang se glaça dans mes veines et je tombai sur elle évanoui. Le cri que je fis en tombant fit sortir les personnes qui étaient dans le cabinet. Des prêtres arrivèrent ; on me fit revenir,

1. « Le Miroir », in *Journaux et œuvres diverses, op. cit.,* p. 540.
2. *Le Spectateur français, op. cit.,* p. 222.

mon évanouissement fut court : j'ouvris les yeux dans
le moment qu'on emportait le corps de mon amie. J'en
frémis encore : sa tête penchait, je vis son visage.
L'apoplexie, dont elle était morte, en avait confondu,
bouleversé les traits. Ah, quelle bouche et quels yeux !
Quel mélange de couleurs horribles ! J'ai vu dans ma
vie bien des figures que l'imagination du peintre avait
tâché de rendre affreuses ; mais les traits qui me
frappèrent ne peuvent tomber dans l'imagination : la
mort seule peut faire un visage comme celui-là ; il n'y a
point d'homme intrépide que cela ne rappelât sur-le-
champ à une triste considération de lui-même. Toutes
ces laideurs funestes, Hermiane, on les trouve en soi,
elles nous appartiennent. On croit être ce que l'on voit
et l'on frémit intérieurement de se reconnaître.

[HERMIANE

Votre histoire est à faire peur. Nous nous soucions
bien moins de nous connaître que de jouir, et l'âme
jouit quand elle sent.]

PREMIÈRE FEMME[1]

Mais cette Nature, Seigneur, comment l'entendez-
vous ? Je suis jeune encore, c'est une étude qui me sera
nécessaire un jour.

HERMIANE[2]

Peignez la Nature à un certain point, Seigneur, mais
abstenez-vous de la saisir dans ce qu'elle a de trop
caché sinon vous paraîtrez aller plus loin qu'elle, ou la
manquer.

LE PRINCE[3]

C'est que vous ne pouvez à présent regarder les
choses qu'à travers votre goût pour le commerce des

1. « L'Education d'un prince », *op. cit.*, p. 522.
2. « Le Cabinet du philosophe », *op. cit.*, p. 345.
3. *Ibid.*, p. 391.

hommes, qu'à travers toutes les passions dont cela vous remue. Mais un jour, il n'y aura rien de tout cela, vos passions s'en iront, votre amour vous quittera, vous ne le regretterez point : et à la place du plaisir qu'il vous fait aujourd'hui, vous aurez le plaisir de voir clair qui dans cette occasion-ci en est un pour le moins aussi sensible.

HERMIANE [1]

Mais, Seigneur, dans tout le cours de mes aventures, je me suis connue autant qu'il est possible de se connaître ; ainsi, c'est du moins une femme que j'ai développée, et quand j'ai comparé cette femme aux autres, ou les autres à elle, j'ai cru voir que nous nous ressemblions presque toutes. Il n'y a que dans les romans qu'on en voit d'autres, mais dans la Nature c'est chimère.

[LE PRINCE

Dans la Nature. Eh bien ! Hermiane, si vous aimez les aventures un peu singulières, en voici encore une qui a de quoi vous contenter : je ne vous presserai point de la croire ; vous pouvez la regarder comme un pur jeu d'esprit, elle a l'air de cela. Je ne vous dirai point au reste dans quel endroit de la terre j'ai vu ce que je vais vous dire. C'est un pays dont les géographes n'ont jamais fait mention, et le spectacle en était curieux. Il me sembla donc, mais je dis mal, il ne me sembla point : je vis sûrement une infinité de fourneaux plus ou moins ardents, mais dont le feu ne m'incommodait point, quoique j'en approchasse de fort près. Au milieu de tous les fourneaux était une personne, ou, si vous voulez, une divinité qui me parut avoir l'air jeune, et cependant antique. Elle était dans un mouvement perpétuel, et en même temps si rapide, qu'il me fut impossible de la considérer en face. Ce qui est de certain, c'est que dans le mouvement qui l'agitait, je la vis sous tant d'aspects que je

---

1. *Le Spectateur français*, *op. cit.*, p. 232.

crus voir successivement passer toutes les physiono-
mies du monde, sans pouvoir saisir la sienne, qui
apparemment les contenait toutes. Ce que je démêlai
le mieux, et ce que je ne perdis jamais de vue, malgré
son agitation continuelle, ce fut une espèce de bandeau, ou de diadème, qui lui ceignait le front et sur
lequel on voyait écrit LA NATURE. Ce bandeau était
large, élevé, et comme partagé en deux miroirs
éclatants, dans l'un desquels on voyait une représentation inexplicable de l'étendue en général, et de tous ses
mystères. L'autre miroir qui n'était séparé du premier
que d'une ligne extrêmement déliée, représentait un
être encore plus indéfinissable. C'était comme une
image de l'âme, car j'y vis toutes les façons possibles
de penser et de sentir des hommes, avec la subdivision
de tous les degrés d'esprit et de sentiment, de vices et
de vertus, de courage et de faiblesse, de malice et de
bonté, de vanité et de simplicité que nous pouvons
avoir. Enfin tout ce que les hommes font, tout ce
qu'ils peuvent être, et tout ce qu'ils ont été, se trouvait
dans cet exemplaire des grandeurs et des misères de
l'âme humaine.

Première Femme [1]

Mais cette Nature, Seigneur, comment l'entendez-
vous ? Je suis jeune encore, c'est une étude qui me sera
nécessaire un jour.]

Hermiane [2]

Votre histoire est à faire peur. Nous ne sommes pas
dans ce monde en situation de devenir savants, nous
ne sommes encore que l'objet, ou plutôt le sujet de
cette science que nous voudrions avoir. L'envie que
nous avons de nous connaître n'est sans doute qu'un
avertissement que [3] nous nous connaîtrons un jour. En

---

1. « L'Education d'un prince », *op. cit.*, p. 522.
2. *Le Spectateur français, op. cit.*, p. 232.
3. *Ibid.*, p. 233.

un mot, ne cherchons point à nous comprendre. Ce n'est pas là notre tâche.

LE PRINCE

Interrogeons les hommes, ils nous apprendront quelle elle doit être.

HERMIANE

Laissons là cette science que personne ne me demande, que je ne demande à personne, et que toutes vos lumières nous refusent. Qu'exigez-vous de moi ?

III

LE PRINCE[1]

Je vous avais ordonné une fête pour ce soir ; mais il ne s'agit plus de cela. Je vais vous donner le portrait des hommes avec qui vous vivez, je vais vous lever le masque qu'ils portent. Vous savez ce qu'ils paraissent, et non pas ce qu'ils sont. Vous ne connaissez point leur âme, vous allez la voir au visage, et ce visage vaut bien la peine d'être vu.

HERMIANE[2]

Mais que gagnerai-je à cela ? En me faisant connaî-tre les hommes, vous allez me dégoûter d'eux. Je ne me soucierai plus de leur commerce. Mon cœur et ma raison rompront avec eux, ne serai-je pas bien avan-cée ? [Je sais bien en gros que les hommes sont faux ; que dans chaque homme il y en a deux, pour ainsi dire : l'un qui se montre, et l'autre qui se cache. Celui qui se montre, voilà le mien aujourd'hui ; voilà celui avec qui je dois vivre ; à l'égard de celui qui se cache, sans doute il aura son tour pour être vu ; car enfin il

---

1. « Le Cabinet du philosophe », *op. cit.*, p. 389.
2. *Ibid.*, p. 390.

faudra que tout se retrouve. Mais ne dérangeons point l'ordre des choses.]

Le Prince

L'éternité des temps n'est pas toute consacrée au mensonge. Si de même que nos corps sont habillés, nos âmes à présent le sont aussi à leur manière, le temps du dépouillement des âmes arrivera, comme le temps du dépouillement de nos corps arrive quand nous mourons.

Hermiane

Pour aujourd'hui, je m'en tiens à ce que je vois ; gardez vos découvertes ; je ne vous les envie point, et je vous crois fort à plaindre de les avoir faites. Laissez-moi comme je suis. Ma condition dans ce monde est de jouir et non pas de connaître.

Le Prince [1]

Je vous ferai lire dans le miroir du Monde, Hermiane, mais ne vous imaginez pas que vous allez haïr le Monde, et le fuir quand vous serez éclairée. Je vais instruire votre esprit sans affliger votre cœur. Maintenant, Madame, jetez les yeux sur le miroir.

[Hermiane

Oh ! vous m'ennuyez : qu'ai-je besoin d'être mieux que je ne suis ?]

Le Prince [2]

Quoi ! vous refusez le miroir, un miroir, Madame. Cela n'est pas naturel, et vous trichez. Faut-il vous parler franchement ? Je vous disais tout à l'heure que vous étiez plus belle qu'à l'ordinaire. Mais la vérité est

---

1. « Le Cabinet du philosophe », *op. cit.*, p. 391.
2. *La Seconde Surprise de l'amour, op. cit.*, p. 677.

que vous êtes très changée, et je voudrais vous attendrir un peu pour un visage que vous abandonnez bien durement.

HERMIANE

Il est vrai que je suis dans un terrible état.

PREMIÈRE FEMME

Il n'y a donc qu'à emporter le miroir.

HERMIANE

Je ne me pique plus ni d'agrément ni de beauté.

PREMIÈRE FEMME

Madame, le miroir s'en va, je vous avertis.

HERMIANE

Mais, je suis donc bien épouvantable ?

LE PRINCE [1]

Extrêmement changée.

HERMIANE

Voyons donc.

DEUXIÈME FEMME

Ah ! je respire, vous voilà sauvée : allons, courage, Madame.

HERMIANE

[Donnez le miroir ;] Vous avez raison, je suis bien abattue.

---

1. *Ibid.*, p. 678.

Première Femme [1]

Ne serait-ce pas un meurtre que de laisser dépérir ce teint-là, qui n'est que lys et que rose quand on en a soin ? Rangez-moi ces cheveux qui sont épars, et qui vous cachent les yeux : oh ! les fripons, comme ils ont l'œillade assassine ; ils m'auraient déjà brûlée, si j'étais de leur compétence ; ils ne demandent qu'à faire du mal.

Hermiane

Vous rêvez, on ne peut pas les avoir plus battus.

Deuxième Femme

Oui, battus.

Hermiane [2]

Cependant, on se mire, on éprouve son visage de toutes les façons, rien ne réussit ; des yeux battus, un teint fatigué ; voilà qui est fini, il faut envelopper ce visage-là, nous n'aurons que du négligé [3] : Je lis ici l'histoire de ma vie. Dans tout le cours de mes aventures, j'ai été ma propre spectatrice, comme la spectatrice des autres ; je me suis connue autant qu'il est possible de se connaître.

Le Prince [4]

Vous allez voir de quoi il s'agit. Vous n'avez pas de grandes affaires ici, je pense, et nous y passerons sept jours, plus ou moins, suivant le goût que vous y prendrez. Si cette aventure peut vous faire quelque plaisir, ce serait vous l'ôter que de vous en faire le détail. Nous vous prions seulement de bien vous y prêter. On va commencer dans l'instant.

---

1. *Ibid.*
2. *L'Île de la raison, op. cit.,* p. 625.
3. *Le Spectateur français, op. cit.,* p. 232.
4. *L'Île de la raison, op. cit.,* p. 597.

Deuxième Femme [1]

N'anticipons point sur les spectacles.

Ici on entend une symphonie.

Hermiane

Allons donc prendre nos places [2]. Mais je me trouve en pays perdu, je ne m'oriente pas [3]. Quel est donc ce lieu, Seigneur ?

Le Prince [4]

Ce sera sans doute le jardin de la Nature, et si ce n'est pas le sien, ce serait du moins celui de quelqu'un de ses parents, ou de ses meilleurs amis.

Hermiane

Ce que nous entendons là ne présage rien de bon pour ceux qui viennent ici.

Le Prince

Mais que vous importe, allons chez la Nature.

Première Femme

Halte-là, n'allez pas si vite, prenez garde à cette fosse qui vous ferme le passage.

Hermiane

Je l'avais vue ; et si vous ne m'en aviez pas fait peur, je l'aurais peut-être sautée sans réflexion ; à présent, je n'oserais.

1. « Le Cabinet du philosophe », *op. cit.*, p. 390.
2. *L'Île de la raison*, *op. cit.*, p. 597.
3. « Le Cabinet du philosophe », *op. cit.*, p. 397.
4. « Le Chemin de la fortune », *Journaux et œuvres diverses*, *op. cit.*, p. 356.

Première Femme [1]

Je vous dégoûte autant que je puis de l'envie de faire ce saut-là, qui est d'une dangereuse conséquence ; mais malheureusement il y en a peu qui me croiront.

Hermiane

Pour moi, je vous en crois, et m'en voilà dégoûtée.

Le Prince

Oh ! parbleu, non pas moi ; je ne prétends pas que vous m'arrêtiez, et je sauterai : gare !

Deuxième Femme

Doucement.

Le Prince

Retirez-vous, vous dis-je.

Deuxième Femme

Je vous en empêcherai.

Le Prince

Ma foi, je vous sauterai vous-même.

Deuxième Femme

Tant pis pour vous !

Hermiane

Enseignez-moi donc quelque détour pour aller chez cette Nature.

Première Femme

Tenez, prenez par là, c'est le chemin des Chimères.

1. *Ibid.*, p. 357.

LE PRINCE

Bon, le chemin des Chimères ! Appelez-vous cela un chemin ? Le joli voyage qu'elle nous conseille ! sans compter que par ce chemin-là nous allons tourner le dos à celui de la Nature.

DEUXIÈME FEMME

J'en conviens ; mais il conduit mieux et on ne risque rien en le prenant.

LE PRINCE

Cette vieille rêveuse se moque de nous ; nous avons affaire à droite et elle veut nous mener à gauche : gare encore une fois que je ne saute.

HERMIANE [1]

Pour moi, voici un saut qui m'épouvante. Il n'y a pas moyen, depuis que ce personnage-là m'a parlé ; je n'ai pas le courage de prendre ma secousse : je n'ai jamais été si pesante.

LE PRINCE

Vraiment ! vous n'avez qu'à m'écouter, je vous mènerai loin. Donnez-moi la main, je vous aiderai à sauter.

HERMIANE

Je n'oserais, il faut que j'y rêve encore ; j'ai des réflexions qui m'engourdissent.

LE PRINCE

À vous, des réflexions ! vous n'y pensez pas. Allons, Madame, aidez-moi.

---

1. *Ibid.*, p. 358.

HERMIANE

Non, Seigneur, vous m'en dispenserez, s'il vous plaît. D'ailleurs, elle nous a dit qu'il y avait un autre chemin, et j'aime mieux le prendre, tout long qu'il est.

LE PRINCE

Ah, ah, ah ! Oui, il est un peu long, et l'on n'y court pas la poste. Adieu, Mesdames les chercheuses de la Nature sur le chemin des Chimères.

HERMIANE [1]

Eh ! Seigneur, encore un moment par charité ; tenez, je suis trop fâchée d'être si poltronne, cela ne durera pas ; faites-moi encore un petit mot d'exhortation, donnez-moi du cœur.

LE PRINCE

Eh ! vous devriez être déjà dans l'antichambre de la Nature.

HERMIANE

Cela est vrai. Vous verrez que ce sont mes préjugés qui m'appesantissent aussi, et qu'il faudra que je me mette à la légère.

PREMIÈRE FEMME

Quand on est si délicat, ce n'est pas la peine de se présenter ici : la Nature n'y tient point école de morale, et vous n'avez qu'à porter vos pas ailleurs.

LE PRINCE [2]

Sans doute, quand quelqu'un est déterminé à franchir la fosse, et qu'il a de petits préjugés incommodes qui ne sauraient le suivre, il les laisse là. Faites

---

1. « Le Chemin de la fortune », *op. cit.*, pp. 358-359.
2. *Ibid.*, p. 360.

de même car c'est la symphonie qui nous annonce que la Nature arrive pour donner ses audiences à tous les poltrons comme vous qui refusent de sauter ; il y a déjà ici plusieurs personnes qui l'attendent.

HERMIANE

Oui, je crois que je m'épargnerai le détour ; je sens que mes scrupules tirent à leur fin.

PREMIÈRE FEMME

Venez, Madame, approchez et saluez bien profondément la Déesse.

HERMIANE [1]

Seigneur, donnez-moi la main pour me conduire [2] : Je suis curieuse de toutes les nouveautés.

Ils pénètrent tous sur le théâtre, tandis qu'un grand bruit se fait entendre et que le rideau s'ouvre.

Ce montage est le résultat d'un travail commun entre Patrice Chéreau et François Regnault, à partir de textes de Marivaux Deuxième version, 1976. (in : Chéreau. Les Voies de la création théâtrale, XIV, coll. Les Arts du spectacle, éd. du C.N.R.S.), 1986, pp. 123-135.

---

1. *Le Prince travesti, op. cit.*, p. 352.
2. *L'Île de la raison, op. cit.*, p. 596.

LA DISPUTE

Comédie en un acte et en prose
représentée pour la première fois
par les Comédiens-Français
le 19 octobre 1744

Acteurs

HERMIANE.
LE PRINCE.
MESROU.
CARISE.
ÉGLÉ.
AZOR.
ADINE.
MESRIN.
MESLIS.
DINA.
La suite du Prince.

La scène est à la campagne.

SCÈNE PREMIÈRE

LE PRINCE, HERMIANE, CARISE, MESROU

HERMIANE

Où allons-nous, Seigneur, voici le lieu du monde le plus sauvage et le plus solitaire, et rien n'y annonce la fête que vous m'avez promise.

LE PRINCE, *en riant.*

Tout y est prêt.

HERMIANE

Je n'y comprends rien ; qu'est-ce que c'est que cette maison, où vous me faites entrer, et qui forme un édifice si singulier, que signifie la hauteur prodigieuse des différents murs qui l'environnent ? où me menez-vous ?

LE PRINCE

À un spectacle très curieux ; vous savez la question que nous agitâmes hier au soir. Vous souteniez contre toute ma cour, que ce n'était pas votre sexe, mais le nôtre, qui avait le premier donné l'exemple de l'inconstance et de l'infidélité en amour.

HERMIANE

Oui, Seigneur, je le soutiens encore. La première
inconstance ou la première infidélité n'a pu commencer que par quelqu'un d'assez hardi pour ne rougir de
rien. Oh! comment veut-on que les femmes, avec la
pudeur et la timidité naturelles qu'elles avaient, et
qu'elles ont encore depuis que le monde et sa corruption durent, comment veut-on qu'elles soient tombées
les premières dans des vices de cœur qui demandent
autant d'audace, autant de * libertinage de sentiment,
autant d'effronterie que ceux dont nous parlons ? Cela
n'est pas croyable.

LE PRINCE

Eh, sans doute, Hermiane, je n'y trouve pas plus
d'apparence que vous, ce n'est pas moi qu'il faut
combattre là-dessus, je suis de votre sentiment contre
tout le monde, vous le savez.

HERMIANE

Oui, vous en êtes par pure galanterie, je l'ai bien
remarqué.

LE PRINCE

Si c'est par galanterie, je ne m'en doute pas. Il est
vrai que je vous aime, et que mon extrême envie de
vous plaire peut fort bien me persuader que vous avez
raison, mais ce qui est de certain, c'est qu'elle me le
persuade si * finement que je ne m'en aperçois pas. Je
n'estime point le cœur des hommes, et je vous
l'abandonne ; je le crois sans comparaison plus sujet à
l'inconstance et à l'infidélité que celui des femmes ; je
n'en excepte que le mien, à qui même je ne ferais pas
cet honneur-là si j'en aimais une autre que vous.

HERMIANE

Ce discours-là sent bien l'ironie.

LE PRINCE

J'en serai donc bientôt puni, car je vais vous donner
de quoi me confondre, si je ne pense pas comme vous.

HERMIANE

Que voulez-vous dire ?

LE PRINCE

Oui, c'est la nature elle-même que nous allons
interroger, il n'y a qu'elle qui puisse décider la
question sans réplique, et sûrement elle prononcera en
votre faveur.

HERMIANE

Expliquez-vous, je ne vous entends point.

LE PRINCE

Pour bien savoir si la première inconstance ou la
première infidélité est venue d'un homme, comme
vous le prétendez, et moi aussi, il faudrait avoir assisté
au commencement du monde et de la société.

HERMIANE

Sans doute, mais nous n'y étions pas.

LE PRINCE

Nous allons y être ; oui, les hommes et les femmes
de ce temps-là, le monde et ses premières amours vont
reparaître à nos yeux tels qu'ils étaient, ou du moins
tels qu'ils ont dû être ; ce ne seront peut-être pas les
mêmes aventures, mais ce seront les mêmes caractères ; vous allez voir le même état de cœur, des âmes
tout aussi neuves que les premières, encore plus

neuves s'il est possible. (*À Carise et à Mesrou.*) Carise,
et vous Mesrou, partez, et quand il sera temps que
nous nous retirions, faites le signal dont nous sommes
convenus. (*À sa suite.*) Et vous, qu'on nous laisse.

SCÈNE II

HERMIANE, LE PRINCE

HERMIANE

Vous excitez ma curiosité, je l'avoue.

LE PRINCE

Voici le fait : il y a dix-huit ou dix-neuf ans que la
dispute d'aujourd'hui s'éleva à la cour de mon père,
s'échauffa beaucoup et dura très longtemps. Mon
père, naturellement assez * philosophe, et qui n'était
pas de votre sentiment, résolut de savoir à quoi s'en
tenir, par une épreuve qui ne laissât rien à désirer.
Quatre enfants au berceau, deux de votre sexe et deux
du nôtre, furent portés dans la forêt où il avait fait
bâtir cette maison exprès pour eux, où chacun d'eux
fut logé à part, et où actuellement même il occupe un
terrain dont il n'est jamais sorti, de sorte qu'ils ne se
sont jamais vus. Ils ne connaissent encore que Mesrou
et sa sœur qui les ont élevés, et qui ont toujours eu
soin d'eux, et qui furent choisis de la couleur dont ils
sont, afin que leurs élèves en fussent plus étonnés
quand ils verraient d'autres hommes. On va donc pour
la première fois leur laisser la liberté de sortir de leur
enceinte, et de se connaître ; on leur a appris la langue
que nous parlons ; on peut regarder le commerce
qu'ils vont avoir ensemble comme le premier âge du
monde ; les premières amours vont recommencer,
nous verrons ce qui en arrivera. (*Ici, on entend un bruit
de trompettes.*) Mais hâtons-nous de nous retirer,
j'entends le signal qui nous en avertit, nos jeunes gens
vont paraître ; voici une galerie qui règne tout le long

de l'édifice, et d'où nous pourrons les voir et les
écouter, de quelque côté qu'ils sortent de chez eux.
Partons.

SCÈNE III

CARISE, ÉGLÉ

CARISE

Venez, Églé, suivez-moi ; voici de nouvelles terres
que vous n'avez jamais vues, et que vous pouvez
parcourir en sûreté.

ÉGLÉ

Que vois-je ? quelle quantité de nouveaux mondes !

CARISE

C'est toujours le même, mais vous n'en connaissez
pas toute l'étendue.

ÉGLÉ

Que de pays ! que d'habitations ! il me semble que je
ne suis plus rien dans un si grand espace, cela me fait
plaisir et peur. *(Elle regarde et s'arrête à un ruisseau.)*
Qu'est-ce que c'est que cette eau que je vois et qui
roule à terre ? Je n'ai rien vu de semblable à cela dans
le monde d'où je sors.

CARISE

Vous avez raison, et c'est ce qu'on appelle un
ruisseau.

ÉGLÉ, *regardant*.

Ah ! Carise, approchez, venez voir, il y a quelque
chose qui habite dans le ruisseau qui est fait comme

une personne, et elle paraît aussi étonnée de moi que je le suis d'elle.

CARISE, *riant.*

Eh non, c'est vous que vous y voyez, tous les ruisseaux font cet effet-là.

ÉGLÉ

Quoi, c'est là moi, c'est mon visage ?

CARISE

Sans doute.

ÉGLÉ

Mais savez-vous bien que cela est très beau, que cela fait un objet charmant ? Quel dommage de ne l'avoir pas su plus tôt !

CARISE

Il est vrai que vous êtes belle.

ÉGLÉ

Comment, belle, admirable ! cette découverte-là m'enchante. *(Elle se regarde encore.)* Le ruisseau fait toutes mes mines, et toutes me plaisent. Vous devez avoir eu bien du plaisir à me regarder, Mesrou et vous. Je passerais ma vie à me contempler ; que je vais m'aimer à présent !

CARISE

Promenez-vous à votre aise, je vous laisse pour rentrer dans votre habitation, où j'ai quelque chose à faire.

ÉGLÉ

Allez, allez, je ne m'ennuierai pas avec le ruisseau.

SCÈNE IV

ÉGLÉ, AZOR
Églé un instant seule,
Azor paraît vis-à-vis d'elle.

ÉGLÉ, *continuant et se tâtant le visage.*

Je ne me lasse point de moi. (*Et puis, apercevant Azor avec frayeur.*) Qu'est-ce que c'est que cela, une personne comme moi... N'approchez point. (*Azor étendant les bras d'admiration et souriant. Églé continue.*) La personne rit, on dirait qu'elle m'admire. (*Azor fait un pas.*) Attendez... Ses regards sont pourtant bien doux... Savez-vous parler ?

AZOR

Le plaisir de vous voir m'a d'abord ôté la parole.

ÉGLÉ, *gaiement.*

La personne m'entend, me répond, et si agréablement !

AZOR

Vous me ravissez.

ÉGLÉ

Tant mieux.

AZOR

Vous m'enchantez.

ÉGLÉ

Vous me plaisez aussi.

AZOR

Pourquoi donc me défendez-vous d'avancer ?

ÉGLÉ

Je ne vous le défends plus de bon cœur.

AZOR

Je vais donc approcher.

ÉGLÉ

J'en ai bien envie. *(Il avance.)* Arrêtez un peu…
Que je suis émue !

AZOR

J'obéis, car je suis à vous.

ÉGLÉ

Elle obéit ; venez donc tout à fait, afin d'être à moi
de plus près. *(Il vient.)* Ah ! la voilà, c'est vous, qu'elle
est bien faite ! en vérité, vous êtes aussi belle que moi.

AZOR

Je meurs de joie d'être auprès de vous, je me donne
à vous, je ne sais pas ce que je sens, je ne saurais le
dire.

ÉGLÉ

Eh, c'est tout comme moi.

AZOR

Je suis heureux, je suis agité.

ÉGLÉ

Je soupire.

AZOR

J'ai beau être auprès de vous, je ne vous vois pas
encore assez.

ÉGLÉ

C'est ma pensée, mais on ne peut pas se voir
davantage, car nous sommes là.

AZOR

Mon cœur désire vos mains.

ÉGLÉ

Tenez, le mien vous les donne; êtes-vous plus
contente?

AZOR

Oui, mais non pas plus tranquille.

ÉGLÉ

C'est ce qui m'arrive, nous nous ressemblons en
tout.

AZOR

Oh! quelle différence! tout ce que je suis ne vaut
pas vos yeux, ils sont si tendres!

ÉGLÉ

Les vôtres si vifs!

AZOR

Vous êtes si mignonne, si délicate!

ÉGLÉ

Oui, mais je vous assure qu'il vous sied fort bien de
ne l'être pas tant que moi, je ne voudrais pas que vous

fussiez autrement, c'est une autre perfection, je ne nie pas la mienne, gardez-moi la vôtre.

AZOR

Je n'en changerai point, je l'aurai toujours.

ÉGLÉ

Ah ça, dites-moi, où étiez-vous quand je ne vous connaissais pas ?

AZOR

Dans un monde à moi, où je ne retournerai plus, puisque vous n'en êtes pas, et que je veux toujours avoir vos mains ; ni moi ni ma bouche ne saurions plus nous passer d'elles.

ÉGLÉ

Ni mes mains se passer de votre bouche ; mais j'entends du bruit, ce sont des personnes de mon monde : de peur de les effrayer, cachez-vous derrière les arbres, je vais vous rappeler.

AZOR

Oui, mais je vous perdrai de vue.

ÉGLÉ

Non, vous n'avez qu'à regarder dans cette eau qui coule, mon visage y est, vous l'y verrez.

SCÈNE V

MESROU, CARISE, ÉGLÉ

ÉGLÉ, *soupirant.*

Ah ! je m'ennuie déjà de son absence.

CARISE

Églé, je vous retrouve inquiète, ce me semble, qu'avez-vous ?

MESROU

Elle a même les yeux plus attendris qu'à l'ordinaire.

ÉGLÉ

C'est qu'il y a une grande nouvelle ; vous croyez que nous ne sommes que trois, je vous avertis que nous sommes quatre ; j'ai fait l'acquisition d'un objet qui me tenait la main tout à l'heure.

CARISE

Qui vous tenait la main, Églé ? Eh, que n'avez-vous appelé à votre secours ?

ÉGLÉ

Du secours contre quoi ? contre le plaisir qu'il me faisait ? J'étais bien aise qu'il me la tînt, il me la tenait par ma permission, il la baisait tant qu'il pouvait, et je ne l'aurai pas plus tôt rappelé qu'il la baisera encore pour mon plaisir et pour le sien.

MESROU

Je sais qui c'est, je crois même l'avoir entrevu qui se retirait ; cet objet s'appelle un homme, c'est Azor, nous le connaissons.

ÉGLÉ

C'est Azor ? le joli nom ! le cher Azor ! le cher homme ! il va venir.

CARISE

Je ne m'étonne point qu'il vous aime et que vous l'aimiez, vous êtes faits l'un pour l'autre.

ÉGLÉ

Justement, nous l'avons deviné de nous-mêmes.
(*Elle l'appelle.*) Azor, mon Azor, venez vite, l'homme !

SCÈNE VI

CARISE, ÉGLÉ,
MESROU, AZOR

AZOR

Eh ! c'est Carise et Mesrou, ce sont mes amis.

ÉGLÉ, *gaiement.*

Ils me l'ont dit, vous êtes fait exprès pour moi, moi
faite exprès pour vous, ils me l'apprennent : voilà
pourquoi nous nous aimons tant, je suis votre Églé,
vous mon Azor.

MESROU

L'un est l'homme et l'autre la femme.

AZOR

Mon Églé, mon charme, mes délices, et ma femme !

ÉGLÉ

Tenez, voilà ma main, consolez-vous d'avoir été
caché. (*À Mesrou et à Carise.*) Regardez, voilà comme
il faisait tantôt, fallait-il appeler à mon secours ?

CARISE

Mes enfants, je vous l'ai déjà dit, votre destination
naturelle est d'être charmés l'un de l'autre.

ÉGLÉ, *le tenant par la main.*

Il n'y a rien de si clair.

CARISE

Mais il y a une chose à observer, si vous voulez vous aimer toujours.

ÉGLÉ

Oui, je comprends, c'est d'être toujours ensemble.

CARISE

Au contraire, c'est qu'il faut de temps en temps vous priver du plaisir de vous voir.

ÉGLÉ, *étonnée*.

Comment ?

AZOR, *étonné*.

Quoi ?

CARISE

Oui, vous dis-je, sans quoi ce plaisir diminuerait, et vous deviendrait indifférent.

ÉGLÉ, *riant*.

Indifférent, indifférent, mon Azor ! ah ! ah ! ah !... la plaisante pensée !

AZOR, *riant*.

Comme elle s'y entend !

MESROU

N'en riez pas, elle vous donne un très bon conseil, ce n'est qu'en pratiquant ce qu'elle vous dit là, et qu'en nous séparant quelquefois, que nous continuons de nous aimer, Carise et moi.

ÉGLÉ

Vraiment, je le crois bien, cela peut vous être bon à vous autres qui êtes tous deux si noirs, et qui avez dû vous enfuir de peur la première fois que vous vous êtes vus.

AZOR

Tout ce que vous avez pu faire, c'est de vous supporter l'un et l'autre.

ÉGLÉ

Et vous seriez bientôt rebutés de vous voir si vous ne vous quittiez jamais, car vous n'avez rien de beau à vous montrer ; moi, qui vous aime, par exemple, quand je ne vous vois pas, je me passe de vous, je n'ai pas besoin de votre présence, pourquoi ? C'est que vous ne me charmez pas ; au lieu que nous nous charmons, Azor et moi ; il est si beau, moi si admirable, si attrayante, que nous nous ravissons en nous contemplant.

AZOR, *prenant la main d'Églé.*

La seule main d'Églé, voyez-vous, sa main seule, je souffre quand je ne la tiens pas, et quand je la tiens, je me meurs si je ne la baise, et quand je l'ai baisée, je me meurs encore.

ÉGLÉ

L'homme a raison, tout ce qu'il vous dit là, je le sens ; voilà pourtant où nous en sommes, et vous qui parlez de notre plaisir, vous ne savez pas ce que c'est, nous ne le comprenons pas, nous qui le sentons, il est infini.

MESROU

Nous ne vous proposons de vous séparer que deux ou trois heures seulement dans la journée.

ÉGLÉ

Pas d'une minute.

MESROU

Tant pis.

ÉGLÉ

Vous m'impatientez, Mesrou ; est-ce qu'à force de nous voir nous deviendrons laids ? Cesserons-nous d'être charmants ?

CARISE

Non, mais vous cesserez de sentir que vous l'êtes.

ÉGLÉ

Eh, qu'est-ce qui nous empêchera de le sentir puisque nous le sommes ?

AZOR

Églé sera toujours Églé.

ÉGLÉ

Azor toujours Azor.

MESROU

J'en conviens, mais que sait-on ce qui peut arriver ? Supposons, par exemple, que je devinsse aussi aimable qu'Azor, que Carise devînt aussi belle qu'Églé.

ÉGLÉ

Qu'est-ce que cela nous ferait ?

CARISE

Peut-être alors que rassasiés de vous voir, vous seriez tentés de vous quitter tous deux pour nous aimer.

ÉGLÉ

Pourquoi tentés ? Quitte-t-on ce qu'on aime ? Est-ce là raisonner ? Azor et moi, nous nous aimons, voilà qui est fini, devenez beau tant qu'il vous plaira, que nous importe ? ce sera votre affaire, la nôtre est arrêtée.

AZOR

Ils n'y comprendront jamais rien, il faut être nous pour savoir ce qui en est.

MESROU

Comme vous voudrez.

AZOR

Mon amitié, c'est ma vie.

ÉGLÉ

Entendez-vous ce qu'il dit, sa vie ? comment me quitterait-il ? Il faut bien qu'il vive et moi aussi.

AZOR

Oui, ma vie, comment est-il possible qu'on soit si belle, qu'on ait de si beaux regards, une si belle bouche, et tout si beau ?

ÉGLÉ

J'aime tant qu'il m'admire !

MESROU

Il est vrai qu'il vous adore.

AZOR

Ah ! que c'est bien dit, je l'adore ! Mesrou me comprend, je vous adore.

ÉGLÉ, *soupirant.*

Adorez donc, mais donnez-moi le temps de respirer ; ah !

CARISE

Que de tendresse ! j'en suis enchantée moi-même, mais il n'y a qu'un moyen de la conserver, c'est de nous en croire ; et si vous avez la sagesse de vous y déterminer, tenez, Églé, donnez ceci à Azor, ce sera de quoi l'aider à supporter votre absence.

ÉGLÉ, *prenant un portrait que Carise lui donne.*

Comment donc, je me reconnais, c'est encore moi, et bien mieux que dans les eaux du ruisseau, c'est toute ma beauté, c'est moi, quel plaisir de se trouver partout ! Regardez, Azor, regardez mes charmes.

AZOR

Ah ! c'est Églé, c'est ma chère femme, la voilà, sinon que la véritable est encore plus belle.

Il baise le portrait.

MESROU

Du moins cela la représente.

AZOR

Oui, cela la fait désirer.

Il le baise encore.

ÉGLÉ

Je n'y trouve qu'un défaut, quand il le baise, ma copie à tout.

AZOR, *prenant sa main, qu'il baise.*

Ôtons ce défaut-là.

ÉGLÉ

Ah çà, j'en veux autant pour m'*amuser.

MESROU

Choisissez de son portrait ou du vôtre.

ÉGLÉ

Je les retiens tous deux.

MESROU

Oh! il faut opter, s'il vous plaît, je suis bien aise d'en garder un.

ÉGLÉ

Eh bien, en ce cas-là je n'ai que faire de vous pour avoir Azor, car j'ai déjà son portrait dans mon esprit, aussi donnez-moi le mien, je les aurai tous deux.

CARISE

Le voilà d'une autre manière. Cela s'appelle un miroir, il n'y a qu'à presser cet endroit pour l'ouvrir. Adieu, nous reviendrons vous trouver dans quelques temps, mais de grâce, songez aux petites absences.

SCÈNE VII

AZOR, ÉGLÉ

ÉGLÉ, *tâchant d'ouvrir la boîte.*

Voyons, je ne saurais l'ouvrir; essayez, Azor, c'est là qu'elle a dit de presser.

AZOR, *l'ouvre et se regarde.*

Bon, ce n'est que moi, je pense, c'est ma mine que le ruisseau d'ici près m'a montrée.

ÉGLÉ

Ah! ah! que je voie donc! Eh! point du tout, cher
homme, c'est plus moi que jamais, c'est réellement
votre Églé, la véritable, tenez, approchez.

AZOR

Eh oui, c'est vous, attendez donc, c'est nous deux,
c'est moitié l'un et moitié l'autre; j'aimerais mieux
que ce fût vous toute seule, car je m'empêche de vous
voir tout entière.

ÉGLÉ

Ah! je suis bien aise d'y voir un peu de vous aussi,
vous n'y gâtez rien, avancez encore, tenez-vous bien.

AZOR

Nos visages vont se toucher, voilà qu'ils se touchent, quel bonheur pour le mien! quel ravissement!

ÉGLÉ

Je vous sens bien, et je le trouve bon.

AZOR

Si nos bouches s'approchaient...

Il lui prend un baiser.

ÉGLÉ, *en se retournant.*

Oh! vous nous dérangez, à présent je ne vois plus
que moi, l'aimable invention qu'un miroir!

AZOR, *prenant le miroir d'Églé.*

Ah! le portrait est aussi une excellente chose. (*Il le
baise.*)

ÉGLÉ

Carise et Mesrou sont pourtant de bonnes gens.

AZOR

Ils ne veulent que notre bien, j'allais vous parler
d'eux et de ce conseil qu'ils nous ont donné.

ÉGLÉ

Sur ces absences, n'est-ce pas ? J'y rêvais aussi.

AZOR

Oui, mon Églé, leur prédiction me fait quelque
peur ; je n'appréhende rien de ma part, mais n'allez
pas vous ennuyer de moi au moins, je serais désespéré.

ÉGLÉ

Prenez garde à vous-même, ne vous lassez pas de
m'adorer, en vérité, toute belle que je suis, votre peur
m'effraie aussi.

AZOR

Ah ! merveille, ce n'est pas à vous de trembler... À
quoi rêvez-vous ?

ÉGLÉ

Allons, allons, tout bien examiné, mon parti est
pris : donnons-nous du chagrin, séparons-nous pour
deux heures, j'aime encore mieux votre cœur et son
adoration que votre présence, qui m'est pourtant bien
douce.

AZOR

Quoi, nous quitter ?

ÉGLÉ

Ah ! si vous ne me prenez pas au mot, tout à l'heure
je ne le voudrai plus.

AZOR

Hélas, le courage me manque.

ÉGLÉ

Tant pis, je vous déclare que le mien se passe.

AZOR, *pleurant.*

Adieu, Églé, puisqu'il le faut.

ÉGLÉ

Vous pleurez ? eh bien, restez donc pourvu qu'il n'y
ait point de danger.

AZOR

Mais s'il y en avait !

ÉGLÉ

Partez donc.

AZOR

Je m'enfuis.

SCÈNE VIII

ÉGLÉ, *seule.*

Ah ! il n'y est plus, je suis seule, je n'entends plus sa
voix, il n'y a plus que le miroir. (*Elle s'y regarde.*) J'ai
eu tort de renvoyer mon homme, Carise et Mesrou ne
savent ce qu'ils disent. (*En se regardant.*) Si je m'étais
mieux considérée, Azor ne serait point parti, pour
aimer toujours ce que je vois là, il n'avait pas besoin de
l'absence... Allons, je vais m'asseoir auprès du ruisseau, c'est encore un miroir de plus.

SCÈNE IX

ÉGLÉ, ADINE

ÉGLÉ

Mais que vois-je ? encore une autre personne !

ADINE

Ah ! ah ! qu'est-ce que c'est que ce nouvel objet-ci ?
Elle avance.

ÉGLÉ

Elle me considère avec attention, mais ne m'admire
point, ce n'est pas là un Azor. (*Elle se regarde dans un
miroir.*) C'est encore moins une Églé... Je crois
pourtant qu'elle se compare.

ADINE

Je ne sais que penser de cette figure-là, je ne sais ce
qui lui manque, elle a quelque chose d'insipide.

ÉGLÉ

Elle est d'une espèce qui ne me revient point.

ADINE

A-t-elle un langage ?... Voyons... Êtes-vous une
personne ?

ÉGLÉ

Oui assurément, et très personne.

ADINE

Eh bien, n'avez-vous rien à me dire ?

ÉGLÉ

Non, d'ordinaire on me prévient, c'est à moi qu'on parle.

ADINE

Mais n'êtes-vous pas charmée de moi?

ÉGLÉ

De vous? C'est moi qui charme les autres.

ADINE

Quoi, vous n'êtes pas bien aise de me voir?

ÉGLÉ

Hélas! ni bien aise ni fâchée, qu'est-ce que cela me fait?

ADINE

Voilà qui est particulier! vous me considérez, je me montre, et vous ne sentez rien? C'est que vous regardez ailleurs; contemplez-moi un peu attentivement, là, comment me trouvez-vous?

ÉGLÉ

Mais qu'est-ce que c'est que vous? Est-il question de vous? Je vous dis que c'est d'abord moi qu'on voit, moi qu'on informe de ce qu'on pense, voilà comme cela se pratique, et vous voulez que ce soit moi qui vous contemple pendant que je suis présente!

ADINE

Sans doute, c'est la plus belle à attendre qu'on la remarque et qu'on s'étonne.

ÉGLÉ

Eh bien, étonnez-vous donc!

ADINE

Vous ne m'entendez donc pas ? on vous dit que c'est
à la plus belle à attendre.

ÉGLÉ

On vous répond qu'elle attend.

ADINE

Mais si ce n'est pas moi, où est-elle ? Je suis
pourtant l'admiration de trois autres personnes qui
habitent dans le monde.

ÉGLÉ

Je ne connais pas vos personnes, mais je sais qu'il y
en a trois que je ravis et qui me traitent de merveille.

ADINE

Et moi je sais que je suis si belle, si belle, que je me
charme moi-même toutes les fois que je me regarde,
voyez ce que c'est.

ÉGLÉ

Que me contez-vous là ? Je ne me considère jamais
que je ne sois enchantée, moi qui vous parle.

ADINE

Enchantée ? Il est vrai que vous êtes passable, et
même assez gentille, je vous rends justice, je ne suis
pas comme vous.

ÉGLÉ, *à part*.

Je la battrais de bon cœur avec sa justice.

ADINE

Mais de croire que vous pouvez entrer en dispute
avec moi, c'est se moquer, il n'y a qu'à voir.

ÉGLÉ

Mais c'est aussi en voyant que je vous trouve assez laide.

ADINE

Bon, c'est que vous me portez envie, et que vous vous empêchez de me trouver belle.

ÉGLÉ

Il n'y a que votre visage qui m'en empêche.

ADINE

Mon visage ! Oh ! je n'en suis pas en peine, car je l'ai vu, allez demander ce qu'il est aux eaux du ruisseau qui coule, demandez-le à Mesrin qui m'adore.

ÉGLÉ

Les eaux du ruisseau, qui se moquent de vous, m'apprendront qu'il n'y a rien de si beau que moi, et elles me l'ont déjà appris, je ne sais ce que c'est qu'un Mesrin, mais il ne vous regarderait pas s'il me voyait ; j'ai un Azor qui vaut mieux que lui, un Azor que j'aime, qui est presque aussi admirable que moi, et qui dit que je suis sa vie ; vous n'êtes la vie de personne, vous ; et puis j'ai un miroir qui achève de me confirmer tout ce que mon Azor et le ruisseau assurent ; y a-t-il rien de plus fort ?

ADINE, *en riant*.

Un miroir ? vous avez aussi un miroir ? Eh ! à quoi vous sert-il ? À vous regarder ? ah ! ah ! ah !

ÉGLÉ

Ah ! ah ! ah !... n'ai-je pas deviné qu'elle me déplairait ?

ADINE, *en riant.*

Tenez, en voilà un meilleur, venez apprendre à vous
connaître et à vous taire.

> *Carise paraît dans l'éloignement.*

ÉGLÉ, *ironiquement.*

Jetez les yeux sur celui-ci pour y savoir votre
médiocrité, et la modestie qui vous est convenable
avec moi.

ADINE

Passez votre chemin : dès que vous refusez de
prendre du plaisir à me considérer, vous ne m'êtes
bonne à rien, je ne vous parle plus.

> *Elles ne se regardent plus.*

ÉGLÉ

Et moi, j'ignore que vous êtes là.

> *Elles s'écartent.*

ADINE, *à part.*

Quelle folle !

ÉGLÉ, *à part.*

Quelle * visionnaire, de quel monde cela sort-il ?

SCÈNE X

CARISE, ADINE, ÉGLÉ

CARISE

Que faites-vous donc là toutes deux éloignées l'une
de l'autre, et sans vous parler ?

ADINE, *riant*.

C'est une nouvelle figure que j'ai rencontrée et que ma beauté désespère.

ÉGLÉ

Que diriez-vous de ce fade objet, de cette ridicule espèce de personne qui aspire à m'étonner, qui me demande ce que je sens en la voyant, qui veut que j'aie du plaisir à la voir, qui me dit : Eh ! contemplez-moi donc ! eh ! comment me trouvez-vous ? et qui prétend être aussi belle que moi !

ADINE

Je ne dis pas cela, je dis plus belle, comme cela se voit dans le miroir.

ÉGLÉ, *montrant le sien*.

Mais qu'elle se voie donc dans celui-ci, si elle ose !

ADINE

Je ne lui demande qu'un coup d'œil dans le mien, qui est le véritable.

CARISE

Doucement, ne vous emportez point, profitez plutôt du hasard qui vous a fait faire connaissance ensemble ; unissons-nous tous, devenez compagnes, et joignez l'agrément de vous voir à la douceur d'être toutes deux adorées, Églé par l'aimable Azor qu'elle chérit, Adine par l'aimable Mesrin qu'elle aime ; allons, raccommodez-vous.

ÉGLÉ

Qu'elle se défasse donc de sa vision de beauté qui m'ennuie.

ADINE

Tenez, je sais le moyen de lui faire entendre raison,
je n'ai qu'à lui ôter son Azor dont je ne me soucie pas,
mais rien que pour avoir la paix.

ÉGLÉ, *fâchée.*

Où est son imbécile Mesrin ? Malheur à elle, si je le
rencontre ! Adieu, je m'écarte, car je ne saurais la
souffrir.

ADINE

Ah ! ah ! ah !... mon mérite est son aversion.

ÉGLÉ, *se retournant.*

Ah ! ah ! ah ! quelle grimace !

SCÈNE XI

ADINE, CARISE

CARISE

Allons, laissez-la dire.

ADINE

Vraiment, bien entendu ; elle me fait pitié.

CARISE

Sortons d'ici, voilà l'heure de votre leçon de musique, je ne pourrai pas vous la donner si vous tardez.

ADINE

Je vous suis, mais j'aperçois Mesrin, je n'ai qu'un
mot à lui dire.

CARISE

Vous venez de le quitter.

ADINE

Je ne serai qu'un moment en passant.

SCÈNE XII

MESRIN, CARISE, ADINE

ADINE, *appelle.*

Mesrin !

MESRIN, *accourant.*

Quoi, c'est vous, c'est mon Adine qui est revenue ;
que j'ai de joie ! que j'étais impatient !

ADINE

Eh non, remettez votre joie, je ne suis pas revenue,
je m'en retourne, ce n'est que par hasard que je suis
ici.

MESRIN

Il fallait donc y être avec moi par hasard.

ADINE

Écoutez, écoutez ce qui vient de m'arriver.

CARISE

Abrégez, car j'ai autre chose à faire.

ADINE

J'ai fait. (*À Mesrin.*) Je suis belle, n'est-ce pas ?

MESRIN

Belle ! si vous êtes belle !

ADINE

Il n'hésite pas, lui, il dit ce qu'il voit.

MESRIN

Si vous êtes divine ! la beauté même.

ADINE

Eh oui, je n'en doute pas ; et cependant, vous,
Carise et moi, nous nous trompons, je suis laide.

MESRIN

Mon Adine ?

ADINE

Elle-même ; en vous quittant, j'ai trouvé une nouvelle personne qui est d'un autre monde, et qui, au
lieu d'être étonnée de moi, d'être transportée comme
vous l'êtes et comme elle devrait l'être, voulait au
contraire que je fusse charmée d'elle, et sur le refus
que j'en ai fait, m'a accusée d'être laide.

MESRIN

Vous me mettez d'une colère !

ADINE

M'a soutenu que vous me quitteriez quand vous
l'auriez vue.

CARISE

C'est qu'elle était fâchée.

MESRIN

Mais, est-ce bien une personne ?

ADINE

Elle dit que oui, et elle en paraît une, à peu près.

CARISE

C'en est une aussi.

ADINE

Elle reviendra sans doute, et je veux absolument
que vous la méprisiez, quand vous la trouverez, je
veux qu'elle vous fasse peur.

MESRIN

Elle doit être horrible ?

ADINE

Elle s'appelle... attendez, elle s'appelle...

CARISE

Églé.

ADINE

Oui, c'est une Églé. Voici à présent comme elle est
faite : c'est un visage fâché, renfrogné, qui n'est pas
noir comme celui de Carise, qui n'est pas blanc
comme le mien non plus, c'est une couleur qu'on ne
peut pas bien dire.

MESRIN

Et qui ne plaît pas ?

ADINE

Oh ! point du tout, couleur indifférente ; elle a des
yeux, comment vous dirai-je ? des yeux qui ne font pas
plaisir, qui regardent, voilà tout ; une bouche ni
grande ni petite, une bouche qui lui sert à parler ; une

figure toute droite, toute droite, et qui serait pourtant
à peu près comme la nôtre si elle était bien faite ; qui a
des mains qui vont et qui viennent, des doigts longs et
maigres, je pense ; avec une voix rude et aigre ; oh !
vous la reconnaîtrez bien.

MESRIN

Il me semble que je la vois, laissez-moi faire : il faut
la renvoyer dans un autre monde, après que je l'aurai
bien mortifiée.

ADINE

Bien humiliée, bien désolée.

MESRIN

Et bien moquée, oh ! ne vous embarrassez pas, et
donnez-moi cette main.

ADINE

Eh ! prenez-la, c'est pour vous que je l'ai.

Mesrin baise sa main.

CARISE, *lui ôtant la main.*

Allons, tout est dit, partons.

ADINE

Quand il aura achevé de baiser ma main.

CARISE

Laissez-la donc, Mesrin, je suis pressée.

ADINE

Adieu tout ce que j'aime, je ne serai pas longtemps,
songez à ma vengeance.

MESRIN

Adieu, tout mon charme, je suis furieux.

SCÈNE XIII

MESRIN, AZOR

MESRIN, *les premiers mots seul,*
répétant le portrait.

Une couleur ni noire ni blanche, une figure toute
droite, une bouche qui parle... où pourrais-je la
trouver ? *(Voyant Azor.)* Mais j'aperçois quelqu'un,
c'est une personne comme moi, serait-ce Églé ? Non,
car elle n'est point difforme.

AZOR, *le considérant.*

Vous êtes pareille à moi, ce me semble ?

MESRIN

C'est ce que je pensais.

AZOR

Vous êtes donc un homme ?

MESRIN

On m'a dit que oui.

AZOR

On m'en a dit de moi tout autant.

MESRIN

On vous a dit : est-ce que vous connaissez des
personnes ?

AZOR

Oh! oui, je les connais toutes, deux noires et une blanche.

MESRIN

Moi, c'est la même chose, d'où venez-vous?

AZOR

Du monde.

MESRIN

Est-ce du mien?

AZOR

Ah! je n'en sais rien, car il y en a tant!

MESRIN

Qu'importe, votre mine me convient, mettez votre main dans la mienne, il faut nous aimer.

AZOR

Oui-da, vous me réjouissez, je me plais à vous voir sans que vous ayez des charmes.

MESRIN

Ni vous non plus; je ne me soucie pas de vous, sinon que vous êtes bonhomme.

AZOR

Voilà ce que c'est, je vous trouve de même, un bon camarade, moi un autre bon camarade, je me moque du visage.

MESRIN

Eh! quoi donc, c'est par la bonne humeur que je vous regarde; à propos, prenez-vous vos repas?

AZOR

Tous les jours.

MESRIN

Eh bien, je les prends aussi, prenons-les ensemble
pour notre divertissement, afin de nous tenir *gaillards; allons, ce sera pour tantôt : nous rirons, nous
sauterons, n'est-il pas vrai ? J'en saute déjà.

Il saute.

AZOR, *il saute aussi.*

Moi de même, et nous serons deux, peut-être
quatre, car je le dirai à ma blanche qui a un visage : il
faut voir ! ah ! ah ! c'est elle qui en a un qui vaut mieux
que nous deux.

MESRIN

Oh ! je le crois, camarade, car vous n'êtes rien du
tout, ni moi non plus, auprès d'une autre mine que je
connais, que nous mettrons avec nous, qui me trans-
porte, et qui a des mains si douces, si blanches, qu'elle
me laisse tant baiser !

AZOR

Des mains, camarade ? Est-ce que ma blanche n'en
a pas aussi qui sont célestes, et que je caresse tant qu'il
me plaît ? Je les attends.

MESRIN

Tant mieux, je viens de quitter les miennes, et il
faut que je vous quitte aussi pour une petite affaire ;
restez ici jusqu'à ce que je revienne avec mon Adine,
et sautons encore pour nous réjouir de l'heureuse
rencontre. (*Ils sautent tous deux en riant.*) Ah ! ah ! ah !

SCÈNE XIV

AZOR, MESRIN, ÉGLÉ

ÉGLÉ, *s'approchant*.

Qu'est-ce que c'est que cela qui plaît tant ?

MESRIN, *la voyant*.

Ah ! le bel objet qui nous écoute !

AZOR

C'est ma blanche, c'est Églé.

MESRIN, *à part*.

Églé, c'est là ce visage fâché ?

AZOR

Ah ! que je suis heureux !

ÉGLÉ, *s'approchant*.

C'est donc un nouvel ami qui nous a apparu tout d'un coup ?

AZOR

Oui, c'est un camarade que j'ai fait, qui s'appelle homme, et qui arrive d'un monde ici près.

MESRIN

Ah ! qu'on a de plaisir dans celui-ci !

ÉGLÉ

En avez-vous plus que dans le vôtre ?

MESRIN

Oh ! je vous assure.

ÉGLÉ

Eh bien, l'homme, il n'y a qu'à y rester.

AZOR

C'est ce que nous disions, car il est tout à fait bon et joyeux ; je l'aime, non pas comme j'aime ma ravissante Églé que j'adore, au lieu qu'à lui je n'y prends seulement pas garde, il n'y a que sa compagnie que je cherche pour parler de vous, de votre bouche, de vos yeux, de vos mains, après qui je languissais.

Il lui baise une main.

MESRIN, *lui prend l'autre main.*

Je vais donc prendre l'autre.

Il baise cette main, Églé rit, et ne dit mot.

AZOR, *lui reprenant cette main.*

Oh ! doucement, ce n'est pas ici votre blanche, c'est la mienne, ces deux mains sont à moi, vous n'y avez rien.

ÉGLÉ

Ah ! il n'y a pas de mal ; mais, à propos, allez-vous-en, Azor, vous savez bien que l'absence est nécessaire, il n'y a pas assez longtemps que la nôtre dure.

AZOR

Comment ! il y a je ne sais combien d'heures que je ne vous ai vue.

ÉGLÉ

Vous vous trompez, il n'y a pas assez longtemps, vous dis-je, je sais bien compter, et ce que j'ai résolu je le veux tenir.

AZOR

Mais vous allez rester seule.

ÉGLÉ

Eh bien, je m'en contenterai.

MESRIN

Ne la chagrinez pas, camarade.

AZOR

Je crois que vous vous fâchez contre moi.

ÉGLÉ

Pourquoi m'*obstinez-vous ? Ne vous a-t-on pas dit qu'il n'y a rien de si dangereux que de nous voir ?

AZOR

Ce n'est peut-être pas la vérité.

ÉGLÉ

Et moi je me doute que ce n'est pas un mensonge.
Carise paraît ici dans l'éloignement et écoute.

AZOR

Je pars donc pour vous complaire, mais je serai bientôt de retour, allons, camarade, qui avez affaire, venez avec moi pour m'aider à passer le temps.

MESRIN

Oui, mais...

ÉGLÉ, *souriant.*

Quoi ?

MESRIN

C'est qu'il y a longtemps que je me promène.

ÉGLÉ

Il faut qu'il se repose.

MESRIN

Et j'aurais empêché que la belle femme ne s'ennuie.

ÉGLÉ

Oui, il empêcherait.

AZOR

N'a-t-elle pas dit qu'elle voulait être seule ? Sans cela, je la désennuierais encore mieux que vous. Partons !

ÉGLÉ, *à part et de dépit.*

Partons.

SCÈNE XV

CARISE, ÉGLÉ

CARISE, *approche et regarde Églé qui rêve.*

À quoi rêvez-vous donc ?

ÉGLÉ

Je rêve que je ne suis pas de bonne humeur.

CARISE

Avez-vous du chagrin ?

ÉGLÉ

Ce n'est pas du chagrin non plus, c'est de l'embarras d'esprit.

CARISE

D'où vient-il ?

ÉGLÉ

Vous nous disiez tantôt qu'en fait d'amitié on ne sait ce qui peut arriver ?

CARISE

Il est vrai.

ÉGLÉ

Eh bien, je ne sais ce qui m'arrive.

CARISE

Mais qu'avez-vous ?

ÉGLÉ

Il me semble que je suis fâchée contre moi, que je suis fâchée contre Azor, je ne sais à qui j'en ai.

CARISE

Pourquoi fâchée contre vous ?

ÉGLÉ

C'est que j'ai dessein d'aimer toujours Azor, et j'ai peur d'y manquer.

CARISE

Serait-il possible ?

ÉGLÉ

Oui, j'en veux à Azor, parce que ses manières en sont cause.

CARISE

Je soupçonne que vous lui cherchez querelle.

ÉGLÉ

Vous n'avez qu'à me répondre toujours de même, je serai bientôt fâchée contre vous aussi.

CARISE

Vous êtes en effet de bien mauvaise humeur ; mais que vous a fait Azor ?

ÉGLÉ

Ce qu'il m'a fait ? Nous convenons de nous séparer, il part, il revient sur-le-champ, il voudrait toujours être là ; à la fin, ce que vous lui avez prédit lui arrivera.

CARISE

Quoi ? que vous cesserez de l'aimer ?

ÉGLÉ

Sans doute ; si le plaisir de se voir s'en va quand on le prend trop souvent, est-ce ma faute à moi ?

CARISE

Vous nous avez soutenu que cela ne se pouvait pas.

ÉGLÉ

Ne me chicanez donc pas ; que savais-je ? Je l'ai soutenu par ignorance.

CARISE

Églé, ce ne peut pas être son trop d'empressement à vous voir qui lui nuit auprès de vous, il n'y a pas assez longtemps que vous le connaissez.

ÉGLÉ

Pas mal de temps ; nous avons déjà eu trois conversations ensemble, et apparemment que la longueur des entretiens est contraire.

CARISE

Vous ne dites pas son véritable tort, encore une fois.

ÉGLÉ

Oh ! il en a encore un et même deux, il en a je ne sais combien : premièrement, il m'a contrariée ; car mes mains sont à moi, je pense, elles m'appartiennent, et il défend qu'on les baise.

CARISE

Et qui est-ce qui a voulu les baiser ?

ÉGLÉ

Un camarade qu'il a découvert tout nouvellement, et qui s'appelle homme.

CARISE

Et qui est aimable ?

ÉGLÉ

Oh ! charmant, plus doux qu'Azor, et qui proposait aussi de demeurer pour me tenir compagnie ; et ce fantasque d'Azor ne lui a permis ni la main, ni la compagnie, l'a querellé et l'a emmené brusquement sans consulter mon désir : ah ! ah ! je ne suis donc pas

ma maîtresse, il ne se fie donc pas à moi, il a donc peur
qu'on ne m'aime ?

CARISE

Non, mais il craint que son camarade ne vous plût.

ÉGLÉ

Eh bien, il n'a qu'à me plaire davantage, car à
l'égard d'être aimée, je suis bien aise de l'être, je le
déclare, et au lieu d'un camarade, en eût-il cent, je
voudrais qu'ils m'aimassent tous, c'est mon plaisir ; il
veut que ma beauté soit pour lui tout seul, et moi je
prétends qu'elle soit pour tout le monde.

CARISE

Tenez, votre dégoût pour Azor ne vient pas de tout
ce que vous dites là, mais de ce que vous aimez mieux
à présent son camarade que lui.

ÉGLÉ

Croyez-vous ? Vous pourriez bien avoir raison.

CARISE

Eh ! dites-moi, ne rougissez-vous pas un peu de
votre inconstance ?

ÉGLÉ

Il me paraît que oui, mon accident me fait honte,
j'ai encore cette ignorance-là.

CARISE

Ce n'en est pas une, vous aviez tant promis de
l'aimer constamment.

ÉGLÉ

Attendez, quand je l'ai promis, il n'y avait que lui, il
fallait donc qu'il restât seul, le camarade n'était pas de
mon compte.

CARISE

Avouez que ces raisons-là ne sont point bonnes,
vous les aviez tantôt réfutées d'avance.

ÉGLÉ

Il est vrai que je ne les estime pas beaucoup ; il y en
a pourtant une excellente, c'est que le camarade vaut
mieux qu'Azor.

CARISE

Vous vous méprenez encore là-dessus, ce n'est pas
qu'il vaille mieux, c'est qu'il a l'avantage d'être
nouveau venu.

ÉGLÉ

Mais cet avantage-là est considérable, n'est-ce rien
que d'être nouveau venu ? N'est-ce rien que d'être un
autre ? Cela est fort joli au moins, ce sont des
perfections qu'Azor n'a pas.

CARISE

Ajoutez que ce nouveau venu vous aimera.

ÉGLÉ

Justement, il m'aimera, je l'espère, il a encore cette
qualité-là.

CARISE

Au lieu qu'Azor n'en est pas à vous aimer.

ÉGLÉ

Eh non, car il m'aime déjà.

CARISE

Quels étranges motifs de changement ! Je gagerais
bien que vous n'en êtes pas contente.

ÉGLÉ

Je ne suis contente de rien, d'un côté le changement
me fait peine, de l'autre il me fait plaisir ; je ne puis
pas plus empêcher l'un que l'autre ; ils sont tous deux
de conséquence ; auquel des deux suis-je le plus
obligée ? Faut-il me faire de la peine ? Faut-il me faire
du plaisir ? Je vous défie de le dire.

CARISE

Consultez votre bon cœur, vous sentirez qu'il
condamne votre inconstance.

ÉGLÉ

Vous n'écoutez donc pas ; mon bon cœur le
condamne, mon bon cœur l'approuve, il dit oui, il dit
non, il est de deux avis, il n'y a donc qu'à choisir le
plus commode.

CARISE

Savez-vous le parti qu'il faut prendre ? C'est de fuir
le camarade d'Azor ; allons, venez, vous n'aurez pas la
peine de combattre.

ÉGLÉ, *voyant venir Mesrin.*

Oui, mais nous fuyons bien tard : voilà le combat
qui vient, le camarade arrive.

CARISE

N'importe, efforcez-vous, courage ! ne le regardez
pas.

SCÈNE XVI

MESROU, MESRIN, ÉGLÉ, CARISE

MESROU, *de loin, voulant retenir Mesrin,*
qui se dégage.

Il s'échappe de moi, il veut être inconstant, empê-
chez-le d'approcher.

CARISE, *à Mesrin.*

N'avancez pas.

MESRIN

Pourquoi ?

CARISE

C'est que je vous le défends ; Mesrou et moi, nous
devons avoir quelque autorité sur vous, nous sommes
vos maîtres.

MESRIN, *se révoltant.*

Mes maîtres ! Qu'est-ce que c'est qu'un maître ?

CARISE

Eh bien, je ne vous le commande plus, je vous en
prie, et la belle Églé joint sa prière à la mienne.

ÉGLÉ

Moi ? point du tout, je ne joins point de prière.

CARISE, *à Églé, à part.*

Retirons-nous, vous n'êtes pas encore sûre qu'il
vous aime.

ÉGLÉ

Oh ! je n'espère pas le contraire, il n'y a qu'à lui demander ce qui en est. Que souhaitez-vous, le joli camarade ?

MESRIN

Vous voir, vous contempler, vous admirer, vous appeler mon âme.

ÉGLÉ

Vous voyez bien qu'il parle de son âme ; est-ce que vous m'aimez ?

MESRIN

Comme un perdu.

ÉGLÉ

Ne l'avais-je pas bien dit ?

MESRIN

M'aimez-vous aussi ?

ÉGLÉ

Je voudrais bien m'en dispenser si je le pouvais, à cause d'Azor qui compte sur moi.

MESROU

Mesrin, imitez Églé, ne soyez point infidèle.

ÉGLÉ

Mesrin ! l'homme s'appelle Mesrin !

MESRIN

Eh, oui.

ÉGLÉ

L'ami d'Adine ?

MESRIN

C'est moi qui l'étais, et qui n'ai plus besoin de son portrait.

ÉGLÉ *le prend*.

Son portrait et l'ami d'Adine ! il a encore ce mérite-là ; ah ! ah ! Carise, voilà trop de qualités, il n'y a pas moyen de résister ; Mesrin, venez que je vous aime.

MESRIN

Ah ! délicieuse main que je possède !

ÉGLÉ

L'incomparable ami que je gagne !

MESROU

Pourquoi quitter Adine ? avez-vous à vous plaindre d'elle ?

MESRIN

Non, c'est ce beau visage-là qui veut que je la laisse.

ÉGLÉ

C'est qu'il a des yeux, voilà tout.

MESRIN

Oh ! pour infidèle je le suis, mais je n'y saurais que faire.

ÉGLÉ

Oui, je l'y contrains, nous nous contraignons tous deux.

CARISE

Azor et elles vont être au désespoir.

MESRIN

Tant pis.

ÉGLÉ

Quel remède ?

CARISE

Si vous voulez, je sais le moyen de faire cesser leur affliction avec leur tendresse.

MESRIN

Eh bien, faites.

ÉGLÉ

Eh non, je serai bien aise qu'Azor me regrette, moi ; ma beauté le mérite ; il n'y a pas de mal aussi qu'Adine soupire un peu, pour lui apprendre à se *méconnaître.

SCÈNE XVII

MESRIN, ÉGLÉ
CARISE, AZOR, MESROU

MESROU

Voici Azor.

MESRIN

Le camarade m'embarrasse, il va être bien étonné.

CARISE

À sa contenance, on dirait qu'il devine le tort que vous lui faites.

ÉGLÉ

Oui, il est triste ; ah ! il y a bien de quoi. (*Azor s'avance honteux ; Églé continue.*) Êtes-vous bien fâché, Azor ?

AZOR

Oui, Églé.

ÉGLÉ

Beaucoup ?

AZOR

Assurément.

ÉGLÉ

Il y paraît, eh ! comment savez-vous que j'aime Mesrin ?

AZOR, *étonné.*

Comment ?

MESRIN

Oui, camarade.

AZOR

Églé vous aime, elle ne se soucie plus de moi ?

ÉGLÉ

Il est vrai.

Azor, *gai.*

Eh, tant mieux, continuez, je ne me soucie plus de vous non plus, attendez-moi, je reviens.

ÉGLÉ

Arrêtez donc, que voulez-vous dire, vous ne m'ai-mez plus, qu'est-ce que cela signifie?

Azor, *en s'en allant.*

Tout à l'heure vous saurez le reste.

SCÈNE XVIII

Mesrou, Carise,
Églé, Mesrin

MESRIN

Vous le rappelez, je pense, eh, d'où vient? Qu'avez-vous affaire à lui, puisque vous m'aimez?

ÉGLÉ

Eh, laissez-moi faire, je ne vous en aimerai que mieux, si je puis le ravoir, c'est seulement que je ne veux rien perdre.

Carise *et* Mesrou, *riant.*

Eh! eh! eh! eh!

ÉGLÉ

Le beau sujet de rire!

SCÈNE XIX

MESROU, CARISE, ÉGLÉ,
MESRIN, ADINE, AZOR

ADINE, *en riant.*

Bonjour, la belle Églé, quand vous voudrez vous voir, adressez-vous à moi, j'ai votre portrait, on me l'a cédé.

ÉGLÉ, *lui jetant le sien.*

Tenez, je vous rends le vôtre, qui ne vaut pas la peine que je le garde.

ADINE

Comment, Mesrin, mon portrait ? Et comment l'a-t-elle ?

MESRIN

C'est que je l'ai donné.

ÉGLÉ

Allons, Azor, venez que je vous parle.

MESRIN

Que vous lui parliez ! Et moi ?

ADINE

Passez ici, Mesrin, que faites-vous là, vous extravaguez, je pense.

SCÈNE DERNIÈRE

MESROU, CARISE, ÉGLÉ,
MESRIN, LE PRINCE, HERMIANE,
ADINE, MESLIS, DINA, AZOR

HERMIANE, *entrant avec vivacité.*

Non, laissez-moi, Prince; je n'en veux pas voir davantage; cette Adine et cette Églé me sont insupportables, il faut que le sort soit tombé sur ce qu'il y aura jamais de plus haïssable parmi mon sexe.

ÉGLÉ

Qu'est-ce que c'est que toutes ces figures-là, qui arrivent en grondant? Je me sauve.

Ils veulent tous fuir.

CARISE

Demeurez tous, n'ayez point de peur; voici de nouveaux camarades qui viennent, ne les épouvantez point, et voyons ce qu'ils pensent.

MESLIS, *s'arrêtant au milieu du théâtre.*

Ah! chère Dina, que de personnes!

DINA

Oui, mais nous n'avons que faire d'elles.

MESLIS

Sans doute, il n'y en a pas une qui vous ressemble. Ah! c'est vous, Carise et Mesrou, tout cela est-il hommes ou femmes?

CARISE

Il y a autant de femmes que d'hommes, voilà les unes, et voici les autres; voyez, Meslis, si parmi les femmes vous n'en verriez pas quelqu'une qui vous plairait encore plus que Dina, on vous la donnerait.

ÉGLÉ

J'aimerais bien son amitié.

MESLIS

Ne l'aimez point, car vous ne l'aurez pas.

CARISE

Choisissez-en une autre.

MESLIS

Je vous remercie, elles ne me déplaisent point, mais je ne me soucie pas d'elles, il n'y a qu'une Dina dans le monde.

DINA, *jetant son bras sur le sien*.

Que c'est bien dit !

CARISE

Et vous, Dina, examinez.

DINA, *le prenant par-dessous le bras*.

Tout est vu, allons-nous-en.

HERMIANE

L'aimable enfant ! je me charge de sa fortune.

LE PRINCE

Et moi de celle de Meslis.

DINA

Nous avons assez de nous deux.

LE PRINCE

On ne vous séparera pas ; allez, Carise, qu'on les mette à part et qu'on place les autres suivant mes ordres. (*Et à Hermiane.*) Les deux sexes n'ont rien à se reprocher, Madame : vices et vertus, tout est égal entre eux.

HERMIANE

Ah ! je vous prie, mettez-y quelque différence : votre sexe est d'une perfidie horrible, il change à propos de rien sans chercher même de prétexte.

LE PRINCE

Je l'avoue, le procédé du vôtre est du moins plus hypocrite, et par là plus décent, il fait plus de façon avec sa conscience que le nôtre.

HERMIANE

Croyez-moi, nous n'avons pas lieu de plaisanter. Partons.

« *Ils font semblant de faire semblant* »

Le système de la pièce consiste à réaliser le titre par dédoublement et inversion. Dédoublement : nous passons de la comédie des valets (sc. 2-3-4-5) à celle de maîtres (6-7-8-9-10-11), du bas vers le haut. Inversion : dans la comédie des valets, c'est du jeu de la représentation fictive que s'opère une confusion entre théâtre et vie ; dans la comédie des maîtres, les personnages manipulés jouent la comédie sans le savoir et découvrent ensuite qu'ils ont été acteurs de bonne foi. Mais cette inversion est moins spectaculaire que les parallélismes si typiques du formalisme marivaudien.

Le théâtre s'affiche d'abord comme un jeu (à partir d'une commande venue d'en haut), un jeu qui mobilise deux valets et deux paysans. Ce jeu peut devenir matière de représentation, théâtre dans le théâtre, grâce à la différenciation sociale (niveaux de langue et de comportement), mais surtout grâce au jeu dans le jeu (la comédie ourdie par Merlin avec la complicité mi-active, mi-fascinée, de Colette). Il y a donc théâtre (la pièce), théâtre dans le théâtre (la répétition à l'impromptu), et comédie dans la comédie, avec interférences des fonctions de personnes et de personnages. Cette confusion est motivée, justifiée par le statut du spectacle : un impromptu où les acteurs jouent leur propre caractère. Ce qui pose évidemment un problème crucial de mise en scène : faut-il, et comment, différencier un jeu plus « vrai » (celui des personnes) et un jeu plus guindé (celui des valets et paysans jouant à jouer, jouant à jouer les maîtres, puisque le théâtre est un divertissement pour maîtres : rappelons que les valets, en France, n'avaient pas droit d'entrer en livrée dans une salle de spectacle) ? Il faudrait également tenir compte de la hiérarchie interne que le texte met en place (mais que le metteur en scène est libre de ne pas assumer) entre Blaise, Lisette, Colette et Merlin : car chacun entretient un rapport spécifique à la comédie. Colette est certainement le cas le plus ambigu, puisque chacune de ses répliques peut relever soit du jeu (n'est-elle pas dans le secret ?), soit d'une fascination par le jeu (ne voudrait-elle pas que le jeu devienne réalité, sans y croire tout en y croyant ?). Il en va un peu de même pour Araminte : Colette éclaire Araminte.

Il s'agit là de choix de mise en scène et de registres d'acteurs ; car aucune mise en scène ne peut actualiser toutes les composantes d'un texte : sa force dépend au contraire de la rigueur des choix et de la netteté des options (qui peuvent tirer la pièce dans des directions auxquelles un lecteur ne s'attendrait pas).

Sans l'épreuve que Merlin ajoute subrepticement dans son canevas, et qui transforme le jeu en épreuve, qui dédouble les plans et les niveaux de jeu de l'acteur (il joue à jouer, et il joue à être joué), il serait impossible d'accorder un tel volume textuel à la représentation dans la représentation. La comédie annoncée serait une donnée de l'intrigue, pas la matière de la pièce en sa première moitié. La décision de Merlin a donc un double ou triple fond : 1° apparemment, elle ne cherche pas à se motiver (à l'inverse de *L'Épreuve* ou de *La Dispute*) ; 2° elle est indispensable à l'écriture des scènes ; 3° elle se justifie en fait dans le cadre de la fable : les acteurs seront d'autant meilleurs qu'ils joueront sans savoir qu'ils jouent. On a reconnu le conseil que Marivaux donnait à ses acteurs, et qui fut si vite et si longtemps oublié par la Comédie-Française. L'impromptu ne peut réussir, explique Merlin, que s'il identifie le rôle et la personne de l'acteur. Mais les valets et les paysans vont mal jouer, parce qu'ils jouent aux acteurs, parce qu'ils marivaudent. Ce qui, bien entendu, devient source d'un décalage comique qu'on peut suggérer ou souligner, renforcer ou affaiblir. Surpris par le jeu, entraînés dans une épreuve par où un manipulateur roué se joue d'eux, ils seront d'autant meilleurs qu'ils croiront moins jouer. Mais pour le spectateur qui est à la fois dans la fable et dans la salle, « assis » sur scène et dans son fauteuil, l'acteur est d'autant meilleur qu'il joue à jouer mal ! On mesure le défi, l'épreuve que Marivaux propose aux acteurs : ils doivent jouer des personnages pris au jeu, ils doivent jouer naturellement, sans laisser perdre la saveur comique de leur rôle, saveur bien plus facile à rendre dans un système de décalage.

Parler de théâtre dans le théâtre, de mise en abyme, etc., à propos d'un tel mécanisme, n'est donc qu'une caractérisation sommaire, tout juste bonne à tisser quelque vague rapport avec Shakespeare et Pirandello.

Mieux vaut se demander si le rôle du manipulateur (celui qui invente le jeu, le règle, le domine, en jouit sur scène comme le spectateur dans son fauteuil) est bien le plus difficile à jouer. Mais à une telle question, il n'est guère de réponse, car cela relève de la glorieuse incertitude du théâtre, où tout dépend de l'acteur. Sur scène se livre, sournoise et féroce, entre acteurs, une lutte pour la vie. Est-ce cela que Marivaux nous suggère dans ces scènes où l'on part gaiement pour jouer la comédie, pour jouer à jouer, et où surviennent aussitôt les affrontements de la vanité, le vertige des mots, la perte des assises et des positions initiales ? La paysanne se trouve en passe de l'emporter sur la soubrette des villes ; le paysan, en bon théologien qui s'ignore, rousseauiste sans le savoir, condamne le théâtre et ses artifices au nom de la morale (Marivaux, s'il a lu *La lettre à d'Alembert*, a dû raisonnablement considérer Rousseau comme un auteur de mauvaise foi)...

Ce qui se joue sur scène, dans ce début éblouissant, sur la scène régie par Merlin, a valeur anthropologique : toute société d'hommes engage la compétition des *moi*, la circulation des désirs, la domination des habiles sur les dupes, les manèges des demi-habiles, les larmes des faibles, les cris des nigauds... Toute société d'hommes croise le sexe, la condition et l'argent : dans le monde d'en haut et dans le monde d'en bas. Mais la fable nous fait passer sans effort de l'anthropologique au dramaturgique, d'une représentation de l'homme à une représentation du théâtre. Puisque le passage du personnage à la personne, sujet des canevas de Merlin, le passage de la comédie encadrée à la comédie encadrante, ne renvoie qu'à deux états de fiction assumés par le seul acteur. Et que la société des acteurs, sur scène et hors de scène, met en jeu les mêmes rapports. Il y a bien, au cœur de l'anthropologie marivaudienne, le motif initial d'une perpétuelle comédie sans cesse rejouée. D'Alembert ne s'y était pas trompé, qui accorda un tel statut emblématique à la scène originelle de la jeune fille au miroir (*J.O.D.* et *Éloge de Marivaux*), dont rien ne garantit évidemment qu'elle soit une scène « vécue » comme on l'a longtemps cru sur sa foi de secrétaire perpétuel. On constate au demeurant que cette sène emblématique éclaire et inverse (en partie) notre comédie. La jeune fille innocente répète ses mines devant son miroir, telle une actrice dans sa loge. Sur le plateau de Merlin, le jeu de l'acteur, en apparence totalement installé dans la fiction, hors de la réalité et de la vérité, dans le pur artifice, l'artifice au carré du théâtre dans le théâtre, révèle brusquement la vérité secrète des rapports humains, des désirs, des angoisses. Il faut une nouvelle fois le détour du mensonge (celui de Merlin) pour mettre à nu la vérité — comique et lucide — du lien social.

En passant de la sphère des serviteurs à celle des maîtres, le théâtre, de jeu, devient enjeu d'un conflit de pouvoir. Marivaux décide d'opérer le passage d'une sphère à l'autre de la manière la plus économique. Il aurait pu faire appel à un motif traditionnel — la trahison. Blaise ou Lisette, victimes de l'épreuve, auraient pu trahir le secret. Mais ils ne sont pas dans le secret. Ou bien on pouvait imaginer Blaise pleurant et faisant appel à Mme Argante... La solution choisie a le mérite de faire vite (ce qui compte dans une pièce en un acte) et suppose un gag (le crescendo du bruit qui attire Mme Argante). Elle n'a tout de même pas le mérite d'une ingéniosité extrême, et l'on doute que Marivaux se fût permis autrefois une telle facilité. Elle ne compromet certes pas l'efficacité scénique, mais elle signe un certain relâchement, comme une lassitude secrète, à demi avouée. À demi seulement : il la dissimule par des *coutures* : « On ne s'y bat pas, Madame ; la bataille que vous avez entendue n'était qu'un entracte ;... » (sc. 6). Couture qui a le mérite de rappeler ce que la première scène avait déjà souligné : Merlin est à la fois valet, directeur de troupe, acteur et auteur. On voit qu'il préfère trahir le secret promis à Mme Amelin plutôt que le sien, dont dépend l'efficacité de son spectacle ! Vanité d'auteur qui, cependant, comme toujours dans le système théâtral marivaudien, se soumet au motif dominant de l'argent, consubstantiel au valet de théâtre. Chez Marivaux, un valet obéit à l'argent. Ce n'est pas un point de vue sur le monde, c'est un postulat du code théâtral marivaudien et de la division des rôles. Un rituel comique à finalité strictement dramaturgique, purement fonctionnelle. Qui voudrait l'interpréter hors de ce cadre trahirait violemment la philosophie morale et sociale de Marivaux ! Que, chez un écrivain viscéralement sensible aux douleurs de l'inégalité, il soit si difficile de rabattre sur le plan de l'idéologie une structure aussi décisive que la sphère des valets, voilà qui donne à réfléchir sur l'écriture théâtrale de Marivaux.

C'est donc l'amour-propre blessé qui va déterminer Mme Amelin à se venger en réinventant sans le savoir le stratagème de Merlin. À la base, il y a le postulat

d'un troc : l'échange d'un symbole (le théâtre) contre
une fortune. La mère (Mme Argante) paie, par un
sacrifice symbolique, par une blessure, par un renon-
cement (Mme Amelin parle de « complaisance »), le
don de Mme Amelin : le bonheur d'Angélique. Cette
blessure, Mme Amelin était bien décidée à l'infliger :
d'où le secret sur le divertissement demandé à Merlin.
Contrainte de céder, par politesse, elle invente aussitôt
un autre secret, et transforme Mme Argante, de
spectatrice surprise, en actrice involontaire, « de
bonne foi », bien plus manipulée, bien plus éprouvée
que Lisette et Blaise. Le jeu consiste à obliger la mère
rigoriste et peu reconnaissante à réclamer à cor et à cri
(à son corps défendant) qu'on joue la comédie qu'elle
s'interdit, qu'elle a interdite. Et plus elle la réclame,
en s'exclamant qu'on ne rompt pas un mariage (de
comédie !) pour une comédie, fût-elle de « Monsieur
Merlin », plus elle joue la comédie qu'on attend d'elle.
Mme Argante s'est voulue constante et fidèle à sa
morale (janséniste ?) : elle risque le malheur de sa fille
et reçoit une leçon mortifiante. Conflit des mères,
conflit des volontés au seuil d'une cohabitation (sc. 10)
qui s'annonce difficile, et dont les enfants pourraient
bien faire les frais. On voit sans peine que la comédie
montée par Mme Amelin aux dépens de sa partenaire-
rivale, de son alter ego intraitable, inscrit sous le signe
de la fiction ce qui, dans le hors-scène, dans la réalité
dont nous parlent les *J.O.D.*, serait la vraisemblance
la plus probable : Angélique, sans argent, ne pourrait
pas plus épouser Éraste qu'une autre Angélique
Lucidor. Mais Araminte s'achèterait, pour 200 000
écus, ce cœur qu'elle désire : « Vous m'aimerez, vous
dis-je ; on m'a promis votre cœur, et je prétends qu'on
me le tienne ; je crois que d'en donner deux cent mille
écus, c'est le payer tout ce qu'il vaut, et qu'il y en a
peu de ce prix-là » (sc. 9). Incroyable dureté, au
milieu du jeu, et grâce au jeu, de cette irruption
brutale du monde tel qu'il est dans l'univers aérien et
purifié de la comédie telle qu'elle doit être.
    La fable (Éraste va, doit épouser Angélique, pour

répondre aux attentes programmées et payées du
spectateur) inscrit sur la scène l'irréel sous les auspices
de la réalité, et donne à la réalité (les Araminte se
paient des Éraste) le visage du jeu. On constate alors
que l'argent domine encore plus le monde des maîtres
que celui des serviteurs et des paysans. La différence,
c'est qu'il ne se dit pas avec la candeur cynique, et
joyeuse, des valets. Mais de même que Merlin monte
son spectacle pour de l'argent (nulle trace d'amitié
entre Éraste et lui), de même Mme Amelin entend
bien marquer d'où vient l'argent, à qui revient le
véritable pouvoir dans la future maison communau-
taire. La comédie est ici une vengeance, une domination symbolique mais cruciale, l'imposition d'un désir
sur un autre. Un *moi* a vaincu un *moi*, sur le théâtre,
par le théâtre, pour le théâtre. Mais que ce discours
critique assombrit ce qu'il commente ! « Tout
commentateur de bon mot est un sot », prétendait
Voltaire. Tout commentateur de comédie est un
tragediante en parade, qui court le risque de s'ignorer.

Dans le jeu que déclenche Merlin, on devine assez
bien quelle anthropologie se dessine ; mais elle n'engage pas un conflit de valeurs. C'est là aussi un trait
spécifique et constant du monde des valets chez
Marivaux : la morale s'évanouit dans l'antichambre,
quitté le salon, on est en deçà du bien et du mal.

Le conflit des deux mères terribles, sourdement en
lutte pour le pouvoir, engage au contraire l'affrontre-
ment de deux morales, de deux philosophies de
l'existence. Sa portée symbolique ne peut faire de
doute. À Mme Argante, qui invoque son âge et son
sexe pour refuser le théâtre (emblème des valeurs
mondaines, du plaisir, des passions), Mme Amelin
oppose son goût du rire, de « la joie innocente » :
« vous êtes trop sérieuse pour moi », (sc. 10). Il s'agit
bien de deux morales : la morale rigoriste, austère,
hautaine (manifestement janséniste) ; la morale non
pas du plaisir à tout prix (pôle libertin), mais d'un
humanisme indulgent, qui se refuse à faire l'ange. Le
rire sanctionne la défaite prévisible et la palinodie de

Mme Argante, comme il fustige Hermocrate et Léontine, ennemis de l'amour au nom de la raison (*Le Triomphe de l'amour*).

Le théâtre n'en est pas pour rien l'enjeu symbolique. La rupture entre Diderot et Rousseau s'y joue publiquement dans ces mêmes années ; c'est la question du théâtre qui empoisonne les relations de Voltaire, fraîchement installé en Suisse, et des pasteurs genevois ; c'est elle qui a fait expulser de France, en 1697, les Comédiens-Italiens. Est-ce à dire qu'elle oppose l'Église à la Philosophie ? Pas seulement. Marivaux n'est pas vraiment du côté des philosophes, qui le lui rendent bien. Redisons-le encore une fois : pas plus qu'il ne les aime, il ne rêve du théâtre qu'ils aiment — mimétique, émotionnel, idéologique, aussi tenté de s'intérioriser, sur le modèle fascinant du nouveau roman à la Richardson, que la comédie marivaudienne se veut aérée et formalisée. Il est vrai que Diderot, dans sa théorie des genres, réserve sa place à la comédie pure, brillante, esthétisée au point de supporter même le vers qui tue l'effet de réel : nul doute que Marivaux, pour lui, s'y loge tout entier. Ce jugement, fût-il péjoratif, nous en dit peut-être plus sur le projet marivaudien que bien des lourdes machines critiques contemporaines, acharnées à le surcharger d'idéologie, quand Marivaux, avec une incroyable rigueur, tente, au théâtre, de se purifier et de s'aérer, pour installer sur la scène l'espace délibérément euphorique de la comédie, de la comédie comique.

Le dramaturge au miroir

Les Acteurs de bonne foi sont une mise en scène et une mise à nu des structures les plus insistantes de la dramaturgie marivaudienne, d'autant plus captivante que Marivaux, à la différence de Voltaire, de Diderot, de Lessing ou de Beaumarchais, ne s'est guère posé en théoricien du théâtre. De quoi parle-t-il quand, au soir de sa vie, il décide de parler théâtre au théâtre ?

Il souligne d'abord les rapports ambigus du jeu et de la vie, puisque les serviteurs jouent le rôle qui est le leur hors représentation : « vous ne sortez point de votre caractère, vous autres » (sc. 2) / « la simple nature fournira les dialogues » (sc. 1). Mme Argante, Éraste, Angélique, et même Araminte, jouent également ment « sans sortir de leur caractère », et c'est bien la « nature » qui est censée fournir le dialogue de cette comédie qu'ils donnent sans le savoir. Est donc posée dès le départ l'affirmation de ce fameux naturel qui obsède l'esthétique classique. Serait-ce une réponse à tous ceux qui n'avaient cessé de dénoncer dans son théâtre une machinerie artificielle, « métaphysique », des personnages sans rapport avec la réalité ? Par un renversement polémique mais masqué, Marivaux revendique d'entrée la vérité de son théâtre, ce qu'il soulignait déjà en défendant son style contre ses détracteurs : ne le sentaient artificiel et contourné que ceux qui s'étaient fabriqué une nature de convention à partir du style de théâtre traditionnel. L'importance, au moins polémique, de cette donnée qui structure la pièce et la fonde, montre que Marivaux ne restait pas indifférent à ces rengaines.

Inversement, si le jeu renvoie à la vie, si les personnes deviennent si facilement d'excellents personnages (« Vous joueriez à merveille, Madame, et votre vivacité en est une preuve », sc. 10), si les spectateurs (je parle ici des spectateurs *dans* la pièce) entrent eux aussi, sans le savoir, dans la comédie, c'est que la vie a toutes les apparences d'une comédie à qui sait regarder. Cette idée, si familière à Marivaux, est avancée dès l'ouverture de la pièce. Car Merlin ne se contente pas de faire jouer aux serviteurs leur propre caractère, il joue avec eux : « nous sommes convenus tous deux de voir un peu la mine... » (sc. 1), avant que Mme Amelin s'amuse avec Mme Argante, Éraste, Angélique et même Araminte.

La pièce suggérerait-elle ainsi la disparition du Héros, tragique ou comique, projection magnifiée en type, sur la scène, d'un individu hors du commun, habité et dévoré par une passion assez sublime pour creuser, entre scène et salle, la distance (tristesse majestueuse, ou angoisse que le comique décharge) ? *Les Acteurs* nous montrent en tout cas, c'est leur sens même, la permutation incessante des fonctions d'acteur et de spectateur. D'abord « spectateurs assis » (sc. 2 ; voilà une didascalie qui a son prix !), Colette et Blaise ne peuvent longtemps goûter le repos du bord de scène. Leur condition de maître n'empêchera pas Mme Argante, Éraste, Angélique, de s'offrir en pâture à des regards avides.

Miroir donc, que le théâtre ; ou plus exactement, théâtre et réalité tendent à se confondre : comédie du monde... Un coup de pouce, le goût du jeu, le désir de voir, et la quotidienneté prend aussitôt les couleurs du théâtre. Inutile, dit Merlin, de monter une comédie préparée à l'avance, d'embaucher des acteurs, de répéter ; elle se joue toute seule, il y suffit d'un mot : dire Non là où jusqu'alors on disait Oui.

La notion de jeu ne s'épuise pas par là. Que font Merlin et Mme Amelin, dans leur troublante symétrie (leurs noms mêmes consonent) ? Ils instituent une épreuve : « et le tout, pour éprouver... » (sc. 1). Comme si souvent dans ce théâtre, elle prend ici la forme pure d'une décision. Décision aux racines troubles, tant qu'on voudra, mais qui se pose, dramaturgiquement, comme acte fondateur de la comédie, jeu délibéré donné comme tel, alors que l'intrigue, dans la tradition théâtrale, se veut la réponse rusée à une situation bloquée, un effort ingénieux pour tourner d'irritants obstacles (la malice d'Ulysse veille, avec Athéna, sur les valets de théâtre).

L'épreuve a pour autre face l'expérimentation : « nous sommes tous deux convenus de VOIR... » (sc. 1). Le théâtre se fait expérience réglée, dont le spectateur, instruit du protocole, anticipe la démarche et les étapes. Difficile, donc, de ne pas renvoyer, avec J. Roger (*Les Sciences de la vie dans la pensée française du XVIIIᵉ siècle*, Colin, 1963), au développement des sciences et de l'esprit d'observation, notamment dans les sciences naturelles, dont le modèle épistémologique semble structurer en profondeur une telle dramaturgie. Bien entendu, *Les Acteurs de bonne foi* ne sauraient ici rivaliser avec *La Dispute* et son laboratoire vivant. Chaque pièce du répertoire marivaudien peut se lire comme une expérience : qu'advient-il si l'on modifie une ou plusieurs données, l'âge, la richesse, la condition, l'éducation... ? *Les Acteurs de bonne foi*, eux, mettent en scène l'idée pure d'expérience, qui appelle une autre figure canonique : car on voit que l'expérimentateur est dans la pièce. Il pourrait ne pas y être, il pourrait se trouver dans la salle. Mais Marivaux l'installe sur scène et lui confie la régie du spectacle. À Merlin, à Mme Amelin de définir les règles du jeu, d'en arbitrer le déroulement, à eux de siffler la fin de la partie.

Ils occupent donc une position privilégiée, celle de l'observateur devant son bocal, du naturaliste devant ses insectes. Qu'ils soient un regard, le texte va même jusqu'à nous le souffler : « nous sommes tous deux convenus de voir... » / « J'ai voulu voir... » (sc. 1). Qu'ils soient à part n'est pas non plus caché : « ce sont les principaux acteurs », dit Merlin de ses camarades ; « vous ne sortez point de votre caractère, vous autres » (sc. 1). Eux seuls ne sont point *acteurs de bonne foi*. La comédie se donne d'abord à qui sait regarder. Et pour bien regarder, il faut être hors du coup : Blaise et Lisette ne peuvent rester « spectateurs assis », ne peuvent jouir du spectacle que les hommes se donnent sans le savoir.

Le jeu va plus loin : Merlin engendre sans attendre une des structures les plus spectaculaires du théâtre de Marivaux, la double inconstance par permutation des couples, tandis que Mme Amelin enclenche avec une visible jubilation le système triangulaire, qui suppose un angle mort et un espoir sacrifié sur l'autel des géométries dramaturgiques (voir *La Fausse Suivante*, *Le Petit-Maître corrigé*, *Le Triomphe de l'amour*, *L'Épreuve*...). Mme Amelin n'est pas non plus sans rappeler, par son épreuve éducatrice et son conflit

avec Mme Argante, une autre série de pièces marivaudiennes telles que *L'École des mères* et *La Mère
confidente*. Pauvres Angéliques..., sauvées par le
démon comique !

Il faut donc souligner la vitalité affichée de la figure
du double : le théâtre et la vie, les maîtres et les valets,
les hommes et les femmes, les jeunes et les vieux, les
riches et les moins riches, les manipulateurs et les
manipulés, etc.

On ne s'étonnera guère si la fin visée de ces ballets
géométriques est de surprendre le spectateur :
« Mme Amelin veut la (Mme Argante) surprendre » /
« nous surprendrons, Monsieur, nous surprendrons »
(sc. 1). Mais cette surprise annoncée n'est pas assez
surprenante, et le spectateur verra surgir, de la
surprise échouée, la vraie surprise de la pièce, la
comédie jouée par celle qui devait la voir, et la
comédie engendrée par l'impossibilité de la jouer :
autrement dit, le dédoublement, dans le temps de la
pièce, du parallélisme des maîtres et des valets (dédou-
blé, dans les pièces antérieures, sous la forme d'une
intrigue parallèle), et le renversement inattendu d'un
rapport si classique chez Marivaux. Ce ne sont plus en
effet les amours des maîtres que les valets reprodui-
sent ; c'est l'impossibilité, pour les valets, de jouer
l'inconstance pour le plaisir des maîtres, qui provoque, par ricochet, l'inconstance des maîtres et le
renversement des alliances. La comédie des valets
entraîne ici celle des maîtres, par une espèce de
contagion à rebours. Le rôle de spectateur n'a donc
rien d'un privilège de classe, et les valets en usent plus
qu'à leur tour. Mais, en même temps, chaque classe se
regarde au miroir de la comédie, se donne à elle-même
sa propre comédie.

Marivaux se sert ici de la surprise à des fins
polémiques. Que nous dit Merlin ? Un inconstant, une
coquette, « et voilà ma pièce. Oh ! je défie qu'on
arrange mieux les choses » (sc. 1). Cette définition à
l'emporte-pièce des *Acteurs de bonne foi* ne se prive pas
d'insolence, tant elle semble abonder dans le sens des

critiques qui pleuvaient depuis quarante ans sur Marivaux. Le dramaturge, devant son miroir, reprend le sempiternel reproche : il ne se passe rien, je vous le dis, dans ma pièce, et je le fais dire avec une jubilation provocante par la bouche d'un auteur dérisoire. Mais le vrai sujet de la pièce n'est bien entendu pas celui-ci, et d'une pièce qui rassemble comme à l'envi les thèmes les plus connus, les mécanismes les plus canoniques de Marivaux, sort brusquement, tel un lapin du chapeau, une autre pièce inattendue, née symboliquement de celle qui n'est pas jouée. « Et voilà ma pièce » est donc tendu comme un leurre, lancé comme un défi : trompe-l'œil pour ceux qui ne veulent point voir.

S'il y a surprise, il y a secret. Ces deux grandes catégories dramatiques ouvrent *Les Acteurs* après bien d'autres pièces. Mais la brièveté n'empêche pas ici le fonctionnement d'un système complexe de secrets. Tous se partagent d'abord, sauf Mme Argante, un secret général : on va jouer une comédie pour le mariage. Merlin et Colette se sont donné un autre secret : ils vont jouer une comédie dans la comédie, pour éprouver Blaise et Lisette. C'est ce secret qui permet à la répétition de se jouer (sc. 2 à 5), qui relance la comédie (sc. 6), et qui interdit enfin au divertissement réclamé à cor et à cri par Mme Argante de se faire (sc. 12)! Mme Amelin et Araminte possèdent un secret auquel les serviteurs n'ont pas droit (la réciproque de l'aveu de Merlin à Éraste n'est pas réalisé, les maîtres rient entre eux), et qu'elles ne font pas non plus partager aux autres protagonistes du monde des maîtres, transformés en acteurs de bonne foi. Mais les secrets apparemment partagés entre Merlin et Colette, entre Mme Argante et Araminte, le sont sur un mode inégal. Car Merlin et Mme Amelin soumettent en même temps, qu'ils le veuillent ou non, leur partenaire à une épreuve où ceux-ci s'engagent plus qu'ils ne le croyaient : Colette se prend (peut-être !) au jeu (comme Flaminia dans *La Double Inconstance*), Araminte s'entend dire de désagréables

vérités sur son âge. De fait, seuls Merlin et
Mme Amelin restent parfaitement maîtres du jeu et
du secret.

Ignorante de l'épreuve où on l'entraîne, Lisette
s'apprête à jouer la comédie : « Ce que j'aime dans la
comédie, c'est que nous nous la donnerons à nous-
mêmes ; car je pense que nous allons tenir de jolis
propos » (sc. 2). C'est dire que Lisette se représente le
théâtre comme un... marivaudage, un embellissement
précieux de la réalité. Il revient donc à une conscience
naïve de servante campagnarde d'exprimer le leitmo-
tiv de la critique du XVIIIᵉ siècle ! Que Marivaux
rapporte la réaction de Lisette à une attitude « spontanée » du peuple, d'autres pièces le prouvent (*L'Île des
esclaves*) : le théâtre, c'est l'univers des maîtres,
incarné dans un langage artificieux. De la même
façon, Lisette ne manque pas de rire d'une expression
typique du style marivaudien : « Ton mérite, qui se
veut, me fait rire » (sc. 3).

Et pourtant, ces jolis propos que Lisette savoure à
l'avance comme un délicieux déguisement, un rêve de
bal masqué où toutes les suivantes sont reines, vont
faire des ravages, et lui donner sans tarder l'envie de
coups de poing (sc. 3). Les gestes prennent donc le
relais des mots, les gestes les plus immédiatement
soumis aux émotions. Marivaux a rarement noté si
fortement la vivacité naturelle du peuple, qui fait
l'objet d'une scène fameuse et jugée scandaleuse de
La Vie de Marianne, entre un cocher et une lingère.
Merlin se charge d'en souligner la portée : « Comme
tu n'es qu'une suivante, un coup de poing ne gâtera
rien » (sc. 3). Ces coups de poing doivent se voir sur
fond de niveau esthétique (comédie de bon goût/
farce) et de contraste social : car la scène 10 entre
Angélique, Éraste et Araminte fait évidemment écho à
celle-ci. Or Angélique se garde bien, on s'en doute, de
brandir le poing, et les déclamations d'Éraste (« Moi,
vous trahir, Angélique !... ») donnent joliment le ton
sensible de la bonne société, et de la bonne comédie qui
ne veut pas se commettre avec le comique populaire.

Pourtant, ces coups de poing, gestes du désir populaire, se trouvent écartés de la représentation réellement vue par le spectateur (c'est-à-dire, dans la pièce, de la répétition) au profit de la « vraie » représentation qui n'aura jamais lieu : « Non, non, gardons le coup de poing pour la représentation, et supposons qu'il est donné ; ce serait un double emploi, qui est inutile » (sc. 3). Hasard ? On a le droit d'en douter. Il est permis de se demander si Marivaux ne réfléchit pas ici, en virtuose retors, sur les gestes qu'on peut représenter sur scène, sur le langage du corps et sa censure. J'en vois au besoin la preuve dans la scène 4, qui fait écho à la scène des coups de poing : Merlin : — « Donnez-moi votre jolie main, que je vous en remercie. » Lisette : — « Je défends les mains », etc. Dans la scène 5, Lisette aura seulement le recours, pour épancher sa rage, de déchirer un papier. C'est poser, dans l'orbite comique, le problème qui va obséder Diderot et Beaumarchais, du relais de la parole par le geste. Il n'est pas absurde de lire dans Les Acteurs une réflexion discrète (mais qu'une représentation moderne pourrait accentuer et systématiser) sur les divers langages dramaturgiques et leur composante indissolublement sociale et esthétique.

Censure des gestes du corps : leur dramaturgie est refusée aussitôt qu'évoquée. Les mots suffisent pour figurer l'amour, nous disent (drôlement) Blaise et Lisette. Parole significative malgré elle, et qui rejoint la définition (ironique) prêtée à Lisette sur la comédie toute en « jolis propos ». Le théâtre est d'abord une bataille sur les mots. C'est des mots prononcés ou tus que surgit l'obstacle, la péripétie. Toute la comédie montée par Merlin repose sur le jeu des mots qu'il devrait dire, et qu'il ne dit pas ; qu'il dit, et qu'il ne devrais pas dire. À la limite, d'une dramaturgie de l'obstacle, on passe à une dramaturgie de l'écart linguistique : les créatures de Marivaux ont l'oreille délicate, et se servent du langage comme du masque le plus naturel.

Par le jeu de la comédie, Mme Amelin et Mme Argante, Éraste et Angélique, Colette et Blaise, Lisette et Merlin se découvrent soudain autres. Le masque est la forme la plus typique de ce changement qui fait miroiter les facettes d'un personnage, ou qui le dédouble en figures complémentaires. C'est par le changement, le mouvement, que s'explique la présence simultanée, dans ce théâtre, de la naissance (naissance de l'amour, de la femme, etc.) et du masque, deux figures qui peuvent d'abord sembler sans rapports, et qui pourtant se touchent nécessairement. La question du dénouement s'y rattache aussi.

Le dénouement d'une pièce de Marivaux mène à son terme un processus psychologique au cours duquel le personnage est devenu autre, s'est métamorphosé. Terme provisoire : on fige dans la photo de mariage un mouvement qui, tout au long de la comédie, s'est montré trop mouvant, pour que ce dernier instantané puisse fixer l'image de l'avenir. Même une pièce en un acte comme *Les Acteurs*, obligée de faire vite avec ses deux comédies successives, ne manque pas de le suggérer assez vivement : Angélique. — « Éraste y consent-il ? » — Éraste. — « Vous voyez mon trouble ; je ne sais plus où j'en suis. » — Angélique. — « Est-ce là tout ce que vous répondez ? Emmenez-moi, ma mère, retirons-nous ; tout nous trahit » (sc. 10). Aussi bien le temps des pièces de Marivaux n'est pas un temps historique. C'est un temps sans nostalgie, sans épaisseur, sans passé ni avenir. Il n'accumule pas, au contraire de Beaumarchais, il atomise et décompose le flux des sentiments qui traversent des figures génériques, l'homme, la femme, la jeune fille, la mère, le valet, la suivante, le paysan..., sièges de la perpétuelle comédie que l'amour, l'argent, l'autorité, la vanité, ne cesseront jamais de faire jouer aux désirs humains. Obstacles suffisamment retors pour se substituer aux résistances adverses propres à la comédie classique.

Ce théâtre ne cesse de se proclamer théâtre, car chaque figure théâtrale, fût-ce la plus invraisemblable, et c'est le cas de la plupart des masques, signale aux yeux de Marivaux la nature essentielle de l'homme : le flux des sensations et des idées, l'amour-propre, l'inadéquation à soi, le masque, bref, la comédie que nous jouent les choses, les autres, les mots, la comédie qui se joue en nous, et qu'au théâtre en tout cas, Marivaux nous offre de savourer. Car ce n'est pas le lieu de s'enfuir, comme le narrateur épouvanté qui surprit un jour une jeune fille au miroir. La jeune fille faisait semblant. Les acteurs font semblant de faire semblant, pour nous faire plaisir. Il n'est pas sûr que Marivaux nous conseille d'imiter Blaise, qui en pleure.

Les Acteurs de bonne foi n'ont jamais été joués du vivant de Marivaux. Ils parurent pour la première fois en novembre 1757, sans nom d'auteur, dans la revue d'un de ses amis, *Le Conservateur*. La pièce figure en 1758 dans les *Œuvres de théâtre de M. de Marivaux, de l'Académie française*. Elle appartient depuis 1947 au répertoire de la Comédie-Française. Elle a intéressé notamment A. Barsacq, J.-P. Vincent associé à J. Jourdheuil et, plus récemment, en 1987, J. Lassalle au Théâtre national de Strasbourg.

LES ACTEURS DE BONNE FOI

Acteurs

MADAME ARGANTE, mère d'Angélique.
MADAME AMELIN, tante d'Éraste.
ARAMINTE, amie commune.
ÉRASTE, neveu de Madame Amelin, amant d'Angélique.
ANGÉLIQUE, fille de Madame Argante.
MERLIN, valet de chambre d'Éraste, amant de Lisette.
LISETTE, suivante d'Angélique.
BLAISE, fils du fermier de Madame Argante, amant de Colette.
COLETTE, fille du jardinier.
UN NOTAIRE de village.

La scène est dans une maison de campagne de Madame Argante.

SCÈNE PREMIÈRE

ÉRASTE, MERLIN

MERLIN

Oui, Monsieur, tout sera prêt, vous n'avez qu'à
faire mettre la salle en état ; à trois heures après midi,
je vous garantis que je vous donnerai la comédie.

ÉRASTE

Tu feras grand plaisir à Madame Amelin, qui s'y
attend avec impatience ; et de mon côté je suis ravi de
lui procurer ce petit divertissement ; je lui dois bien
des attentions ; tu vois ce qu'elle fait pour moi, je
ne suis que son neveu, et elle me donne tout son
bien pour me marier avec Angélique, que j'aime.
Pourrait-elle me traiter mieux, quand je serais son
fils ?

MERLIN

Allons, il en faut convenir, c'est la meilleure de
toutes les tantes du monde, et vous avez raison, il n'y
aurait pas plus de profit à l'avoir pour mère.

ÉRASTE

Mais, dis-moi, cette comédie dont tu nous régales, est-elle divertissante ? Tu as de l'esprit, mais en as-tu assez pour avoir fait quelque chose de passable ?

MERLIN

Du passable, Monsieur, non, il n'est pas de mon ressort ; les génies comme le mien ne connaissent pas le médiocre : tout ce qu'ils font est charmant, ou détestable ; j'excelle, ou je tombe, il n'y a jamais de milieu.

ÉRASTE

Ton génie me fait trembler.

MERLIN

Vous craignez que je ne tombe, mais rassurez-vous. Avez-vous jamais acheté le recueil des chansons du Pont-Neuf ? Tout ce que vous y trouverez de beau est de moi. Il y en a surtout une demi-douzaine d'ana-créontiques qui sont d'un goût...

ÉRASTE

D'anacréontiques, oh ! puisque tu connais ce mot-là, tu es habile, et je ne me méfie plus de toi, mais prends garde que Madame Argante ne sache notre projet, Madame Amelin veut la surprendre.

MERLIN

Lisette, qui est des nôtres, a sans doute gardé le secret, Mademoiselle Angélique, votre future, n'aura rien dit, de votre côté, vous vous êtes tu ; j'ai été discret, mes acteurs sont payés pour se taire [1], et nous surprendrons Monsieur, nous surprendrons.

---

1. On appréciera l'humour de ce trait !

ÉRASTE

Et qui sont tes acteurs ?

MERLIN

Moi d'abord, je me nomme le premier pour vous inspirer de la confiance, ensuite Lisette, femme de chambre de Mademoiselle Angélique, et suivante * originale, Blaise, fils du fermier de Madame Argante, Colette, amante dudit fils du fermier, et fille du jardinier.

ÉRASTE

Cela promet de quoi rire.

MERLIN

Et cela tiendra parole, j'y ai mis bon ordre. Si vous saviez le coup d'art qu'il y a dans ma pièce !

ÉRASTE

Dis-moi donc ce que c'est.

MERLIN

Nous jouerons à l'impromptu, Monsieur, à l'impromptu.

ÉRASTE

Que veux-tu dire à l'impromptu ?

MERLIN

Oui, je n'ai fourni que ce que nous autres beaux esprits appelons le canevas, la simple nature fournira les dialogues, et cette nature-là sera bouffonne.

ÉRASTE

La plaisante espèce de comédie ! Elle pourra pourtant nous amuser.

MERLIN

Vous verrez, vous verrez ; j'oublie encore à vous dire une *finesse de ma pièce, c'est que Colette qui doit faire mon amoureuse, et moi qui dois faire son amant, nous sommes convenus tous deux de voir un peu la mine que feront Lisette et Blaise, à toutes les tendresses naïves que nous prétendons nous dire ; et le tout, pour éprouver s'ils n'en seront pas un peu alarmés et jaloux, car vous savez que Blaise doit épouser Colette, et que l'amour nous destine, Lisette et moi, l'un à l'autre. Mais Lisette, Blaise et Colette vont venir ici pour essayer leurs scènes ; ce sont les principaux acteurs. J'ai voulu voir comment ils s'y prendront, laissez-moi les écouter et les instruire, et retirez-vous, les voilà qui entrent.

ÉRASTE

Adieu, fais-nous rire, on ne t'en demande pas davantage.

SCÈNE II

LISETTE, COLETTE, BLAISE, MERLIN

MERLIN

Allons, mes enfants, je vous attendais, montrez-moi un petit échantillon de votre savoir-faire, et tâchons de gagner notre argent le mieux que nous pourrons : répétons.

LISETTE

Ce que j'aime de ta comédie, c'est que nous nous la donnerons à nous-mêmes, car je pense que nous allons tenir de jolis propos.

MERLIN

De très jolis propos, car, dans le plan de ma pièce, vous ne sortez point de votre caractère, vous autres : toi, tu joues une maligne soubrette à qui l'on n'en fait point accroire, et te voilà ; Blaise a l'air d'un nigaud pris sans * vert, et il en fait le rôle ; une petite coquette de village et Colette, c'est la même chose ; un * joli homme et moi, c'est tout un. Un joli homme est inconstant, une coquette n'est pas fidèle, Colette trahit Blaise, je néglige ta flamme, Blaise est un sot qui en pleure, tu es une diablesse qui t'en mets en fureur, et voilà ma pièce. Oh ! je défie qu'on arrange mieux les choses.

BLAISE

Oui, mais si ce que j'allons jouer allait être vrai, prenez garde, au moins, il ne faut pas du tout de bon ; car j'aime Colette, dame.

MERLIN

À merveille, Blaise, je te demande ce ton de nigaud-là dans la pièce.

LISETTE

Écoutez, Monsieur le joli homme, il a raison, que ceci ne passe point la raillerie, car je ne suis pas endurante, je vous en avertis.

MERLIN

Fort bien, Lisette, il y a un aigre-doux dans ce ton-là qu'il faut conserver.

COLETTE

Allez, allez, Mademoiselle Lisette, il n'y a rien à appriander pour vous, car vous êtes plus jolie que moi, Monsieur Merlin le sait bien.

MERLIN

Courage, friponne, vous y êtes ; c'est dans ce goût-là qu'il faut jouer votre rôle. Allons, commençons à répéter.

LISETTE

C'est à nous deux à commencer, je crois.

MERLIN

Oui, nous sommes la première scène ; asseyez-vous là, vous autres, et nous, débutons. Tu es au fait, Lisette. (*Colette et Blaise s'asseyent comme spectateurs d'une scène dont ils ne sont pas.*) Tu arrives sur le théâtre, et tu me trouves rêveur et distrait. Recule-toi un peu pour me laisser prendre ma contenance.

SCÈNE III

MERLIN, LISETTE,
COLETTE *et* BLAISE, *assis.*

LISETTE, *feignant d'arriver.*

Qu'avez-vous donc, Monsieur Merlin, vous voilà bien pensif ?

MERLIN

C'est que je me promène.

LISETTE

Et votre façon, en vous promenant, est-elle de ne pas regarder les gens qui vous abordent ?

MERLIN

C'est que je suis distrait dans mes promenades.

LISETTE

Qu'est-ce que c'est que ce langage-là ? il me paraît bien impertinent.

MERLIN, *interrompant la scène.*

Doucement, Lisette, tu me dis des injures au commencement de la scène, par où la finiras-tu ?

LISETTE

Oh ! ne t'attends pas à des régularités, je dis ce qui me vient, continuons.

MERLIN

Où en sommes-nous ?

LISETTE

Je traitais ton langage d'impertinent.

MERLIN

Tiens, tu es de méchante humeur ; passons notre chemin, ne nous parlons pas davantage.

LISETTE

Attendez-vous ici Colette, Monsieur Merlin ?

MERLIN

Cette question-là nous présage une querelle.

LISETTE

Tu n'en es pas encore où tu penses.

MERLIN

Je me contente de savoir que j'en suis où me voilà.

LISETTE

Je sais bien que tu me fuis, et que je t'ennuie depuis quelques jours.

MERLIN

Vous êtes si savante qu'il n'y a pas moyen de vous instruire.

LISETTE

Comment, faquin, tu ne prends pas seulement la peine de te défendre de ce que je dis là ?

MERLIN

Je n'aime à contredire personne.

LISETTE

Viens çà, parle, avoue-moi que Colette te plaît.

MERLIN

Pourquoi veux-tu qu'elle me déplaise ?

LISETTE

Avoue que tu l'aimes.

MERLIN

Je ne fais jamais de confidence.

LISETTE

Va, va, je n'ai pas besoin que tu me la fasses.

MERLIN

Ne m'en demande donc pas.

LISETTE

Me quitter pour une petite villageoise !

MERLIN

Je ne te quitte pas, je ne bouge.

COLETTE, *interrompant de l'endroit
où elle est assise.*

Oui, mais est-ce du jeu de me dire des injures en mon absence ?

MERLIN, *fâché de l'interruption.*

Sans doute, ne voyez-vous pas bien que c'est une fille jalouse qui vous méprise ?

COLETTE

Eh bien ! quand ce sera à moi à dire, je prendrai ma revanche.

LISETTE

Et moi je ne sais plus où j'en suis.

MERLIN

Tu me querellais.

LISETTE

Eh, dis-moi, dans cette scène-là, puis-je te battre ?

MERLIN

Comme tu n'es qu'une suivante, un coup de poing ne gâtera rien.

LISETTE

Reprenons donc afin que je le place.

MERLIN

Non, non, gardons le coup de poing pour la représentation, et supposons qu'il est donné, ce serait un double emploi qui est inutile.

LISETTE

Je crois aussi que je peux pleurer dans mon chagrin.

MERLIN

Sans difficulté ; n'y manque pas, mon mérite et ta vanité le veulent.

LISETTE, *éclatant de rire.*

Ton mérite, qui le veut, me fait rire (*et puis feignant de pleurer*) ; que je suis à plaindre d'avoir été sensible aux cajoleries de ce fourbe-là ! Adieu : voici la petite impertinente qui entre ; mais laisse-moi faire. (*En s'interrompant.*) Serait-il si mal de la battre un peu ?

COLETTE, *qui s'est levée.*

Non pas, s'il vous plaît, je ne veux pas que les coups en soient ; je n'ai point affaire d'être battue pour une farce : encore si c'était vrai, je l'endurerais.

LISETTE

Voyez-vous la fine mouche !

MERLIN

Ne perdons point le temps à nous interrompre ; va-t'en, Lisette, voici Colette qui entre pendant que tu sors, et tu n'as plus que faire ici. Allons, poursuivons ; reculez-vous un peu, Colette, afin que j'aille au-devant de vous.

SCÈNE IV

MERLIN, COLETTE,
LISETTE *et* BLAISE, *assis.*

MERLIN

Bonjour, ma belle enfant, je suis bien sûr que ce n'est pas moi que vous cherchez.

COLETTE

Non, Monsieur Merlin, mais ça n'y fait rien, je suis
bien aise de vous y trouver.

MERLIN

Et moi, je suis charmé de vous rencontrer, Colette.

COLETTE

Ça est bien obligeant.

MERLIN

Ne vous êtes-vous pas aperçu du plaisir que j'ai à
vous voir ?

COLETTE

Oui, mais je n'ose pas bonnement m'apercevoir de
ce plaisir-là, à cause que j'y en prenais aussi.

MERLIN, *interrompant.*

Doucement, Colette, il n'est pas décent de vous
déclarer si vite.

COLETTE

Dame, comme il faut avoir de l'amiquié pour vous
dans cette affaire-là, j'ai cru qu'il n'y avait pas de
temps à perdre.

MERLIN

Attendez que je me déclare tout à fait, moi.

BLAISE, *interrompant de son siège.*

Voyez en effet comme alle se presse, an dirait
qu'alle y va de bon jeu, je crois que ça m'annonce du
guignon.

LISETTE, *assise et interrompant*.

Je n'aime pas trop cette saillie-là, non plus.

MERLIN

C'est qu'elle ne sait pas mieux faire.

COLETTE

Eh bien, velà ma pensée tout sens dessus dessous ; pisqu'ils me blâmont, je sis trop timide pour aller en avant, s'ils ne s'en vont pas.

MERLIN

Éloignez-vous donc pour l'encourager.

BLAISE, *se levant de son siège*.

Non morguié, je ne veux pas qu'alle ait du courage, moi ; je veux tout entendre.

LISETTE, *assise et interrompant*.

Il est vrai, ma mie, que vous êtes plaisante de vouloir que nous nous en allions.

COLETTE

Pourquoi aussi me chicanez-vous ?

BLAISE, *interrompant, mais assis*.

Pourquoi te hâtes-tu tant d'être amoureuse de Monsieur Merlin ? Est-ce que tu en sens de l'amour ?

COLETTE

Mais vramO je sis bien obligée d'en sentir, pisque je sis obligée d'en prendre dans la comédie. Comment voulez-vous que je fasse autrement ?

LISETTE, *assise, interrompant*.

Comment, vous aimez réellement Merlin ?

COLETTE

Il faut bien, pisque c'est mon devoir.

MERLIN, *à Lisette.*

Blaise et toi, vous êtes de grands innocents tous
deux ; ne voyez-vous pas qu'elle s'explique mal ? Ce
n'est pas qu'elle m'aime tout de bon, elle veut dire
seulement qu'elle doit faire semblant de m'aimer,
n'est-ce pas, Colette ?

COLETTE

Comme vous voudrez, Monsieur Merlin.

MERLIN

Allons, continuons, et attendez que je me déclare
tout à fait, pour vous montrer sensible à mon
amour.

COLETTE

J'attendrai, Monsieur Merlin ; faites vite.

MERLIN, *recommençant la scène.*

Que vous êtes aimable, Colette, et que j'envie le sort
de Blaise, qui doit être votre mari !

COLETTE

Oh ! oh ! est-ce que vous m'aimez, Monsieur
Merlin ?

MERLIN

Il y a plus de huit jours que je cherche à vous le dire.

COLETTE

Queu dommage ! car je nous accorderions bien tous
deux.

MERLIN

Et pourquoi, Colette ?

COLETTE

C'est que si vous m'aimez, dame... dirai-je ?

MERLIN

Sans doute.

COLETTE

C'est que si vous m'aimez, c'est bian fait, car il n'y a
rian de pardu.

MERLIN

Quoi, chère Colette, votre cœur vous dit quelque
chose pour moi ?

COLETTE

Oh ! il ne me dit pas queuque chose, il me dit tout à
fait.

MERLIN

Que vous me charmez, bel enfant, donnez-moi
votre jolie main, que je vous en remercie.

LISETTE, *interrompant.*

Je défends les mains.

COLETTE

Faut pourtant que j'en aie.

LISETTE

Oui, mais il n'est pas nécessaire qu'il les baise.

MERLIN

Entre amants les mains d'une maîtresse sont toujours de la conversation.

BLAISE

Ne permettez pas qu'elles en soient, Mademoiselle Lisette.

MERLIN

Ne vous fâchez pas, il n'y a qu'à supprimer cet endroit-là.

COLETTE

Ce n'est que des mains au bout du compte.

MERLIN

Je me contenterai de lui tenir la main de la mienne.

BLAISE

Ne faut pas magnier non plus, n'est-ce pas, Mademoiselle Lisette ?

LISETTE

C'est le mieux.

MERLIN

Il n'y aura point assez de vif dans cette scène-là.

COLETTE

Je sis de votre avis, Monsieur Merlin, et je n'empêche pas les mains, moi.

MERLIN

Puisqu'on les trouve de trop, laissons-les, et revenons. *(Il recommence la scène.)* Vous m'aimez donc, Colette, et cependant vous allez épouser Blaise ?

COLETTE

Vrament ça me fâche assez, car ce n'est pas moi qui le prends, c'est mon père et ma mère qui me le baillent.

BLAISE, *interrompant et pleurant.*

Me velà donc bien * chanceux.

MERLIN

Tais-toi donc, tout ceci est de la scène, tu le sais bien.

BLAISE

C'est que je vais gager que ça est vrai.

MERLIN

Non, te dis-je, il faut ou quitter notre projet, ou le suivre ; la récompense que Madame Amelin nous a promise vaut bien la peine que nous la gagnions ; je suis fâché d'avoir imaginé ce plan-là, mais je n'ai pas le temps d'en imaginer un autre, poursuivons.

COLETTE

Je le trouve bien joli, moi.

LISETTE

Je ne dis mot, mais je n'en pense pas moins. Quoi qu'il en soit, allons notre chemin pour ne pas risquer notre argent.

MERLIN, *recommençant la scène.*

Vous ne vous souciez donc pas de Blaise, Colette, puisqu'il n'y a que vos parents qui veulent que vous l'épousiez ?

COLETTE

Non, il ne me revient point, et si je pouvais par
queuque manigance m'empêcher de l'avoir pour mon
homme, je serais bientôt quitte de li, car il est si sot !

BLAISE, *interrompant, assis.*

*Morgué, velà une vilaine comédie !

MERLIN

(À Blaise.) Paix donc ! *(À Colette.)* Vous n'avez qu'à
dire à vos parents que vous ne l'aimez pas.

COLETTE

Bon, je li ai bien dit à li-même, et tout ça n'y fait
rien.

BLAISE, *se levant pour interrompre.*

C'est la vérité qu'alle me l'a dit.

COLETTE, *continuant.*

Mais Monsieur Merlin, si vous me demandiais en
mariage, peut-être que vous m'auriais ? Seriais-vous
fâché de m'avoir pour femme ?

MERLIN

J'en serais ravi, mais il faut s'y prendre adroitement, à cause de Lisette, dont la méchanceté nous
nuirait, et romprait nos mesures.

COLETTE

Si alle n'était pas ici, je varrions comme nous y
prenre, fallait pas parmettre qu'alle nous écoutit.

LISETTE, *se levant pour interrompre.*

Que signifie donc ce que j'entends là ? Car, enfin,
voilà un discours qui ne peut entrer dans la représen-

tation de votre scène, puisque je ne serai pas présente quand vous la jouerez.

MERLIN

Tu n'y seras pas, il est vrai ; mais tu es actuellement devant ses yeux, et par méprise elle se règle là-dessus. N'as-tu jamais entendu parler d'un axiome qui dit que l'objet présent émeut la puissance ? voilà pourquoi elle s'y trompe ; si tu avais étudié, cela ne t'étonnerait pas. À toi, à présent, Blaise ; c'est toi qui entres ici et qui viens nous interrompre ; retire-toi à quatre pas, pour feindre que tu arrives ; moi qui t'aperçois venir, je dis à Colette : voici Blaise qui arrive, ma chère Colette ; remettons l'entretien à une autre fois (*à Colette*) et retirez-vous.

BLAISE, *approchant pour entrer en scène*.

Je suis tout parturbé, moi, je ne sais que dire.

MERLIN

Tu rencontres Colette sur ton chemin, et tu lui demandes d'avec qui elle sort.

BLAISE, *commençant la scène*.

D'où viens-tu donc, Colette ?

COLETTE

Eh ! je viens d'où j'étais.

BLAISE

Comme tu me rudoies !

COLETTE

Oh, dame, accommode-toi, prends ou laisse, adieu.

SCÈNE V

MERLIN, BLAISE,
LISETTE *et* COLETTE, *assises.*

MERLIN, *interrompant la scène.*

C'est à cette heure à moi à qui tu as affaire.

BLAISE

Tenez Monsieur Merlin, je ne saurions endurer que tu m'escamotiais ma maîtresse.

MERLIN, *interrompant la scène.*

Tenez Monsieur Merlin, est-ce comme cela qu'on commence une scène ? Dans mes instructions, je t'ai dit de me demander quel était mon entretien avec Colette.

BLAISE

Eh ! parguié ! ne le sais-je pas, pisque j'y étais ?

MERLIN

Souviens-toi donc que tu n'étais pas censé y être.

BLAISE, *recommençant.*

Eh bien, Colette était donc avec vous, Monsieur Merlin ?

MERLIN

Oui, nous ne faisions que de nous rencontrer.

BLAISE

On dit pourtant qu'ous en êtes amoureux, Monsieur Merlin, et ça me chagraine, entendez-vous, car elle sera mon accordée de mardi en huit.

COLETTE, *se levant et interrompant.*

Oh ! sans vous interrompre, ça est remis de mardi en quinze, et d'ici à ce temps-là, je verrons venir.

MERLIN

N'importe, cette erreur-là n'est ici d'aucune consé-quence. *(Reprenant la scène.)* Qui est-ce qui t'a dit, Blaise, que j'aime Colette ?

BLAISE

C'est vous qui le disiais tout à l'heure.

MERLIN, *interrompant la scène.*

Mais prends donc garde, souviens-toi encore une fois que tu n'y étais pas.

BLAISE

C'est donc Mademoiselle Lisette qui me l'a appris, et qui vous donne aussi biaucoup de blâme de cette affaire-là, et la velà pour confirmer mon dire.

LISETTE, *d'un ton menaçant, et interrompant.*

Va, va, j'en dirai mon sentiment après la comédie.

MERLIN

Nous ne ferons jamais rien de cette *grue-là, il ne saurait perdre les objets de vue.

LISETTE

Continuez, continuez, dans la représentation il ne les verra pas, et cela le corrigera ; quand un homme perd sa maîtresse, il lui est permis d'être distrait, Monsieur Merlin.

BLAISE, *interrompant.*

Cette comédie-là n'est faite que pour nous planter là, Mademoiselle Lisette.

COLETTE

Eh bien, plante-moi là *itou, toi, *Nicodème !

BLAISE, *pleurant.*

Morguié ce n'est pas comme ça qu'on en use avec un fiancé de la semaine qui vient.

COLETTE

Et moi je te dis que tu ne seras mon fiancé d'aucune semaine.

MERLIN

Adieu ma comédie, on m'avait promis dix *pistoles pour la faire jouer, et ce poltron-là me les vole comme s'il me les prenait dans ma poche.

COLETTE, *interrompant.*

Eh pardi, Monsieur Merlin, velà bian du tintamarre parce que vous avez de l'amiquié pour moi, et que je vous trouve agriable. Eh bian oui, je lui plais, je nous plaisons tous deux, il est garçon, je sis fille, il est à marier, moi itou, il voulait de Mademoiselle Lisette, il n'en veut pus, il la quitte, je te quitte, il me prend, je le prends, quant à ce qui est de vous autres, il n'y a que patience à prenre.

BLAISE

Velà de belles fiançailles !

LISETTE, *à Merlin, en déchirant un papier.*

Tu te tais donc, fourbe ! Tiens, voilà le cas que je fais du plan de ta comédie, tu mériterais d'être traité de même.

MERLIN

Mais, mes enfants, gagnons d'abord notre argent, et puis nous finirons nos débats.

COLETTE

C'est bian dit, je nous querellerons après, c'est la même chose.

LISETTE

Taisez-vous, petite impertinente.

COLETTE

Cette jalouse, comme alle est malapprise !

MERLIN

Paix-là donc, paix.

COLETTE

Suis-je cause que je vaux mieux qu'elle ?

LISETTE

Que cette petite paysanne-là ne m'échauffe pas les oreilles !

COLETTE

Mais voyez, je vous prie, cette *glorieuse, avec sa face de *chambrière !

MERLIN

Le bruit que vous faites va amasser tout le monde ici, et voilà déjà Madame Argante qui accourt, je pense.

LISETTE, *s'en allant.*

Adieu, fourbe.

MERLIN

L'épithète de folle m'acquittera, s'il te plaît, de celle de fourbe.

BLAISE

Je m'en vais *itou me plaindre à un parent de la masque.

COLETTE

Je nous varrons tantôt, Monsieur Merlin, n'est-ce pas ?

MERLIN

Oui, Colette, et cela va à merveille, ces gens-là nous aiment, mais continuons encore de feindre.

COLETTE

Tant que vous voudrais, il n'y a pas de danger, pisqu'ils nous aimont tant.

SCÈNE VI

MADAME ARGANTE,
ÉRASTE, MERLIN, ANGÉLIQUE

MADAME ARGANTE

Qu'est-ce que c'est donc que le bruit que j'entends, avec qui criais-tu tout à l'heure ?

MERLIN

Rien, c'est Blaise et Colette qui sortent d'ici avec Lisette, Madame.

MADAME ARGANTE

Eh bien, est-ce qu'ils avaient querelle ensemble ? Je veux savoir ce que c'est.

MERLIN

C'est qu'il s'agissait d'un petit dessein que... nous avions d'une petite idée qui nous était venue, et nous avons de la peine à faire un ensemble qui s'accorde, (*Et montrant Éraste.*) Monsieur vous dira ce que c'est.

ÉRASTE

Madame, il est question d'une bagatelle que vous saurez tantôt.

MADAME ARGANTE

Pourquoi m'en faire mystère à présent ?

ÉRASTE

Puisqu'il faut vous le dire, c'est une petite pièce dont il est question.

MADAME ARGANTE

Une pièce de quoi ?

MERLIN

C'est, Madame, une comédie, et nous vous ménagions le plaisir de la surprise.

ANGÉLIQUE

Et moi, j'avais promis à Madame Amelin et à Éraste de ne vous en point parler, ma mère.

MADAME ARGANTE

Une comédie ?

MERLIN

Oui, une comédie dont je suis l'auteur, cela promet.

MADAME ARGANTE

Et pourquoi s'y battre ?

MERLIN

On ne s'y bat pas, Madame, la bataille que vous avez entendue n'était qu'un entracte ; mes acteurs se sont brouillés dans l'intervalle de l'action, c'est la discorde qui est entrée dans la troupe, il n'y a rien là que de fort ordinaire, ils voulaient sauter du brodequin au cothurne, et je vais tâcher de les ramener à des dispositions moins tragiques.

MADAME ARGANTE

Non, laissons là tes dispositions moins tragiques, et supprimons ce divertissement-là. Éraste, vous n'y avez pas songé, la comédie chez une femme de mon âge, cela serait ridicule.

ÉRASTE

C'est la chose du monde la plus innocente, Madame, et d'ailleurs Madame Amelin se faisait une joie de la voir exécuter.

MERLIN

C'est elle qui nous paye pour la mettre en état, et moi, qui vous parle, j'ai déjà reçu des arrhes, ma marchandise est vendue, il faut que je la livre, et vous ne sauriez en conscience rompre un marché conclu, Madame ; il faudrait que je restituasse, et j'ai pris des arrangements qui ne me le permettent plus.

MADAME ARGANTE

Ne te mets point en peine, je vous dédommagerai, vous autres.

MERLIN

Sans compter douze sous qu'il m'en coûte pour un moucheur de chandelles que j'ai arrêté, trois bouteilles de vin que j'ai avancées aux ménétriers du village pour former mon orchestre, quatre que j'ai donné parole de boire avec eux immédiatement après la représentation, une demi-main de papier que j'ai barbouillée pour mettre mon canevas bien au net.

MADAME ARGANTE

Tu n'y perdras rien, te dis-je; voici Madame Amelin, et vous allez voir qu'elle sera de mon avis.

SCÈNE VII

MADAME AMELIN, MADAME ARGANTE, ANGÉLIQUE, ÉRASTE, MERLIN

MADAME ARGANTE, *à Madame Amelin.*

Vous ne devineriez pas, Madame, ce que ces jeunes gens nous préparaient? Une comédie de la façon de Monsieur Merlin : ils m'ont dit que vous le savez, mais je suis bien sûre que non.

MADAME AMELIN

C'est moi à qui l'idée en est venue.

MADAME ARGANTE

À vous, Madame !

MADAME AMELIN

Oui, vous saurez que j'aime à rire, et vous verrez que cela nous divertira; mais j'avais expressément défendu qu'on vous le dît.

MADAME ARGANTE

Je l'ai appris par le bruit qu'on faisait dans cette salle : mais j'ai une grâce à vous demander, Madame, c'est que vous ayez la bonté d'abandonner le projet, à cause de moi, dont l'âge et le caractère...

MADAME AMELIN

Ah! voilà qui est fini, Madame, ne vous alarmez point, c'en est fait, il n'en est plus question.

MADAME ARGANTE

Je vous en rends mille grâces, et je vous avoue que j'en craignais l'exécution.

MADAME AMELIN

Je suis fâchée de l'inquiétude que vous en avez prise.

MADAME ARGANTE

Je vais rejoindre la compagnie avec ma fille; n'y venez-vous pas?

MADAME AMELIN

Dans un moment.

ANGÉLIQUE, *à part à Madame Argante.*

Madame Amelin n'est pas contente, ma mère.

MADAME ARGANTE, *à part le premier mot.*

Taisez-vous. (*À Madame Amelin.*) Adieu, Madame; venez donc nous retrouver.

MADAME AMELIN *à Éraste.*

Oui, oui. Mon neveu, quand vous aurez mené Madame Argante, venez me parler.

ÉRASTE

Sur-le-champ, Madame.

MERLIN

J'en sera donc réduit à l'impression, quel dommage!

Angélique et Merlin sortent avec Madame Argante.

SCÈNE VIII

MADAME AMELIN, ARAMINTE

MADAME AMELIN, *un moment seule*.

Vous avez pourtant beau dire, Madame Argante, j'ai voulu rire, et je rirai.

ARAMINTE

Eh bien, ma chère, où en est notre comédie, va-t-on la jouer ?

MADAME AMELIN

Non, Madame Argante veut qu'on rende l'argent à la porte.

ARAMINTE

Comment ! elle s'oppose à ce qu'on la joue ?

MADAME AMELIN

Sans doute : on la jouera pourtant, ou celle-ci, ou une autre ; tout ce qui arrivera de ceci, c'est qu'au lieu de la lui donner, il faudra qu'elle me la donne et qu'elle la joue, qui pis est, et je vous prie de m'y aider.

ARAMINTE

Il sera curieux de la voir monter sur le théâtre ; quant à moi, je ne suis bonne qu'à me tenir dans ma loge.

MADAME AMELIN

Écoutez-moi ; je vais feindre d'être si rebutée du peu de complaisance qu'on a pour moi, que je paraîtrai renoncer au mariage de mon neveu avec Angélique.

ARAMINTE

Votre neveu est en effet un si grand parti pour elle...

MADAME AMELIN, *en riant.*

Que la mère n'avait osé espérer que je consentisse ; jugez de la peur qu'elle aura, et des démarches qu'elle va faire. Jouera-t-elle bien son rôle ?

ARAMINTE

Oh ! d'après nature.

MADAME AMELIN, *riant.*

Mon neveu et sa maîtresse seront-ils de leur côté de bons acteurs, à votre avis ? Car ils ne sauront pas que je me divertis, non plus que le reste des acteurs.

ARAMINTE

Cela sera plaisant, mais il n'y a que mon rôle qui m'embarrasse : à quoi puis-je vous être bonne ?

MADAME AMELIN

Vous avez trois fois plus de bien qu'Angélique, vous êtes veuve, et encore jeune, vous m'avez fait confidence de votre inclination pour mon neveu, tout est dit. Vous n'avez qu'à vous conformer à ce que je vais faire : voici mon neveu, et c'est ici la première scène, êtes-vous prête ?

ARAMINTE

Oui.

SCÈNE IX

Madame Amelin,
Araminte, Éraste

ÉRASTE

Vous m'avez ordonné de revenir; que me voulez-vous, Madame? La compagnie vous attend.

MADAME AMELIN

Qu'elle m'attende, mon neveu, je ne suis pas prête de la rejoindre.

ÉRASTE

Vous me paraissez bien sérieuse, Madame, de quoi s'agit-il?

MADAME AMELIN, *montrant Araminte.*

Éraste, que pensez-vous de Madame?

ÉRASTE

Moi? ce que tout le monde en pense, que Madame est fort * aimable.

ARAMINTE

La réponse est flatteuse.

ÉRASTE

Elle est toute simple.

MADAME AMELIN

Mon neveu, son cœur et sa main, joints à trente mille livres de rente, ne valent-ils pas bien qu'on s'attache à elle?

ÉRASTE

Y a-t-il quelqu'un à qui il soit besoin de persuader cette vérité-là ?

MADAME AMELIN

Je suis charmée de vous en voir si persuadé vous-même.

ÉRASTE

À propos de quoi en êtes-vous si charmée, Madame ?

MADAME AMELIN

C'est que je trouve à propos de vous marier avec elle.

ÉRASTE

Moi, ma tante ? vous plaisantez, et je suis sûr que Madame ne serait pas de cet avis-là.

MADAME AMELIN

C'est pourtant elle qui me le propose.

ÉRASTE, *surpris.*

De m'épouser, vous, Madame ?

ARAMINTE

Pourquoi non, Éraste ? cela me paraîtrait assez convenable, qu'en dites-vous ?

MADAME AMELIN

Ce qu'il en dit ? En êtes-vous en peine ?

ARAMINTE

Il ne répond pourtant rien.

Madame Amelin

C'est d'étonnement et de joie, n'est-ce pas, mon neveu ?

Éraste

Madame...

Madame Amelin

Quoi !

Éraste

On n'épouse pas deux femmes.

Madame Amelin

Où en prenez-vous deux ? on ne vous parle que de Madame.

Araminte

Et vous aurez la bonté de n'épouser que moi non plus, assurément.

Éraste

Vous méritez un cœur tout entier, Madame, et vous savez que j'adore Angélique, qu'il m'est impossible d'aimer ailleurs.

Araminte

Impossible, Éraste, impossible ! Oh ! puisque vous le prenez sur ce ton-là, vous m'aimerez, s'il vous plaît.

Éraste

Je ne m'y attends pas, Madame.

Araminte

Vous m'aimerez, vous dis-je, on m'a promis votre cœur, et je prétends qu'on me le tienne ; je crois que d'en donner deux cent mille * écus, c'est le payer tout ce qu'il vaut, et qu'il y en a peu de ce prix-là.

ÉRASTE

Angélique l'estimerait davantage.

MADAME AMELIN

Qu'elle l'estime ce qu'elle voudra, j'ai garanti que Madame l'aurait, il faut qu'elle l'ait, et que vous dégagiez ma parole.

ÉRASTE

Ah ! Madame, voulez-vous me désespérer ?

ARAMINTE

Comment donc, vous désespérer ?

MADAME AMELIN

Laissez-le dire. Courage, mon neveu, courage !

ÉRASTE

Juste ciel !

SCÈNE X

MADAME AMELIN, ARAMINTE, MADAME ARGANTE, ANGÉLIQUE, ÉRASTE

MADAME ARGANTE

Je viens vous chercher, Madame, puisque vous ne venez pas ; mais que vois-je ? Éraste soupire, ses yeux sont mouillés de larmes, il paraît désolé, que lui est-il donc arrivé ?

MADAME AMELIN

Rien que de fort heureux, quand il sera raisonnable ; au reste, Madame, j'allais vous informer que nous
sommes sur notre départ, Araminte, mon neveu et
moi ; n'auriez-vous rien à mander à Paris ?

MADAME ARGANTE

À Paris ! Quoi, est-ce que vous y allez, Madame ?

MADAME AMELIN

Dans une heure.

MADAME ARGANTE

Vous plaisantez, Madame, et ce mariage...

MADAME AMELIN

Je pense que le mieux est de le laisser là ; le dégoût
que vous avez marqué pour ce petit divertissement qui
me * flattait, m'a fait faire quelques réflexions. Vous
êtes trop sérieuse pour moi ; j'aime la joie innocente,
elle vous déplaît. Notre projet était de demeurer
ensemble, nous pourrions ne nous pas convenir ;
n'allons pas plus loin.

MADAME ARGANTE

Comment ! une comédie de moins romprait un
mariage, Madame ! Eh, qu'on la joue, Madame, qu'à
cela ne tienne, et si ce n'est pas assez, qu'on y joigne
l'opéra, la foire, les marionnettes, et tout ce qu'il vous
plaira, jusqu'aux * parades.

MADAME AMELIN

Non, le parti que je prends vous dispense de cet
embarras-là ; nous n'en serons pas moins bonnes
amies, s'il vous plaît, mais je viens de m'engager avec
Araminte, et d'arrêter que mon neveu l'épousera.

Madame Argante

Araminte à votre neveu, Madame! Votre neveu épouser Araminte! Quoi, ce jeune homme?

Araminte

Que voulez-vous, je suis à marier aussi bien qu'Angélique.

Angélique, *tristement.*

Éraste y consent-il?

Éraste

Vous voyez mon trouble, je ne sais plus où j'en suis.

Angélique

Est-ce là tout ce que vous répondez? Emmenez-moi, ma mère, retirons-nous, tout nous trahit.

Éraste

Moi, vous trahir, Angélique! moi qui ne vis que pour vous!

Madame Amelin

Y songez-vous, mon neveu, de parler d'amour à une autre, en présence de Madame que je vous destine?

Madame Argante, *fortement.*

Mais en vérité, tout ceci n'est qu'un rêve.

Madame Amelin

Nous sommes tous bien éveillés, je pense.

Madame Argante

Mais tant pis, Madame, tant pis, il n'y a qu'un rêve qui puisse rendre ceci pardonnable, absolument qu'un

rêve que la représentation de votre misérable comédie
va dissiper : allons vite, qu'on s'y prépare ! On dit que
la pièce est un impromptu, je veux y jouer moi-même ;
qu'on tâche de m'y ménager un rôle, jouons-y tous, et
vous aussi, ma fille.

ANGÉLIQUE

Laissons-les, ma mère, voilà tout ce qu'il nous
reste.

MADAME ARGANTE

Je ne serai pas une grande actrice, mais je n'en serai
que plus réjouissante.

MADAME AMELIN

Vous joueriez à merveille, Madame, et votre vivacité en est une preuve ; mais je ferais scrupule
d'abaisser votre gravité jusque-là.

MADAME ARGANTE

Que cela ne vous inquiète pas ; c'est Merlin qui est
l'auteur de la pièce, je le vois qui passe, je vais la lui
* recommander moi-même. Merlin ! Merlin ! approchez.

MADAME AMELIN

Eh ! non, Madame, je vous prie.

ÉRASTE, *à Madame Amelin.*

Souffrez qu'on la joue, Madame ; voulez-vous
qu'une comédie décide de mon sort, et que ma vie
dépende de deux ou trois dialogues ?

MADAME ARGANTE

Non, non, elle n'en dépendra pas.

SCÈNE XI

MADAME AMELIN, ARAMINTE,
ADAME ARGANTE, ÉRASTE, ANGÉLIQUE,
MERLIN

MADAME ARGANTE *continue.*

La comédie que vous nous destinez est-elle bientôt
prête ?

MERLIN

J'ai rassemblé tous nos acteurs, ils sont là, et nous
allons achever de la répéter, si l'on veut.

MADAME ARGANTE

Qu'ils entrent.

MADAME AMELIN

En vérité, cela est inutile.

MADAME ARGANTE

Point du tout, Madame.

ARAMINTE

Je ne présume pas, quoi que l'on fasse, que
Madame veuille rompre l'engagement qu'elle a pris
avec moi ; la comédie se jouera quand on voudra, mais
Éraste m'épousera, s'il vous plaît.

MADAME ARGANTE

Vous, Madame, avec vos quarante ans ! il n'en sera
rien, s'il vous plaît vous-même, et je vous le dis tout
franc, vous avez là un très mauvais procédé, Madame ;
vous êtes de nos amis, nous vous invitons au mariage

de ma fille, et vous prétendez en faire le vôtre, et lui enlever son mari, malgré toute la répugnance qu'il en a lui-même ; car il vous refuse, et vous sentez bien qu'il ne gagnerait pas au change ; en vérité, vous n'êtes pas concevable : à quarante ans lutter contre vingt, vous rêvez, Madame. Allons Merlin, qu'on achève.

SCÈNE XII

TOUS LES ACTEURS

MADAME ARGANTE *continue.*

J'ajoute dix *pistoles à ce qu'on vous a promis, pour vous exciter à bien faire. Asseyons-nous, Madame, et écoutons.

MADAME AMELIN

Écoutons donc, puisque vous le voulez.

MERLIN

Avance, Blaise ; reprenons où nous en étions ; tu te plaignais de ce que j'aime Colette, et c'est, dis-tu, Lisette qui te l'a appris.

BLAISE

Bon ! qu'est-ce que vous voulez que je dise davantage ?

MADAME ARGANTE

Vous plaît-il de continuer, Blaise ?

BLAISE

Non ; noute mère m'a défendu de monter sur le thiâtre.

Madame Argante

Et moi je lui défends de vous en empêcher ; je vous sers de mère ici, c'est moi qui suis la vôtre.

Blaise

Et au par-dessus on se raille de ma parsonne dans ce peste de jeu-là ; noute maîtresse, Colette y fait semblant d'avoir le cœur tendre pour Monsieur Merlin, Monsieur Merlin de li céder le sien, et maugré la comédie, tout ça est vrai, noute maîtresse ; car ils font semblant de faire semblant, rien que pour nous en *revendre, et ils ont tous deux la malice de s'aimer tout de bon en dépit de Lisette qui n'en tâtera que d'une dent, et en dépit de moi qui sis pourtant retenu pour gendre de mon biau-père.

Les dames rient.

Madame Argante

Eh, le butor ! on a bien affaire de vos bêtises ; et vous, Merlin, de quoi vous avisez-vous d'aller faire une vérité d'une bouffonnerie ? Laissez-lui sa Colette, et mettez-lui l'esprit en repos.

Colette

Oui, mais je ne veux pas qu'il me laisse, moi, je veux qu'il me garde.

Madame Argante

Qu'est-ce que cela signifie, petite fille ? Retirez-vous, puisque vous n'êtes pas de cette scène-ci, vous paraîtrez quand il sera temps ; continuez, vous autres.

Merlin

Allons, Blaise, tu me reproches que j'aime Colette.

Blaise

Eh *morguié est-ce que ça n'est pas vrai ?

MERLIN

Que veux-tu, mon enfant, elle est si jolie que je n'ai pu m'en empêcher.

BLAISE, à *Madame Argante.*

Eh bian, Madame Argante, velà-t-il pas qu'il le confesse li-même ?

MADAME ARGANTE

Qu'est-ce que cela te fait, dès que ce n'est qu'une comédie ?

BLAISE

Je m'embarrasse *morguié bian de la farce, qu'alle aille au guiable, et tout le monde avec !

MERLIN

Encore !

MADAME ARGANTE

Quoi ! on ne parviendra pas à vous faire continuer ?

MADAME AMELIN

Eh, Madame ! laissez là ce pauvre garçon, vous voyez bien que le dialogue n'est pas son fort.

MADAME ARGANTE

Son fort ou son faible, Madame, je veux qu'il réponde ce qu'il sait, et comme il pourra.

COLETTE

Il braira tant qu'on voudra, mais c'est là tout.

BLAISE

Eh ! pardi, faut bian braire quand on en a sujet.

LISETTE

À quoi sert tout ce que vous faites là, Madame ?
Quand on achèverait cette scène-ci, vous n'avez pas
l'autre, car c'est moi qui dois la jouer, et je n'en ferai
rien.

MADAME ARGANTE

Oh ! vous la jouerez, je vous assure.

LISETTE

Ah ! nous verrons si on me fera jouer la comédie
malgré moi.

SCÈNE XIII

TOUS LES ACTEURS
DE LA SCÈNE PRÉCÉDENTE,
et LE NOTAIRE *qui arrive*.

LE NOTAIRE, *s'adressant à Madame Amelin*.

Voilà, Madame, le contrat que vous m'avez
demandé ; on y a exactement suivi vos intentions.

MADAME AMELIN, *à Araminte, bas*.

Faites comme si c'était le vôtre. (*À Madame
Argante*.) Ne voulez-vous pas bien honorer ce contrat-
là de votre signature, Madame ?

MADAME ARGANTE

Et pour qui est-il donc, Madame ?

ARAMINTE

C'est celui d'Éraste et le mien.

MADAME ARGANTE

Moi, signer votre contrat, Madame ! ah ! je n'aurai
pas cet honneur-là, et vous aurez, s'il vous plaît, la
bonté d'aller vous-même le signer ailleurs. *(Au
notaire.)* Remportez, remportez cela, Monsieur. *(À
Madame Amelin.)* Vous n'y songez pas, Madame, on
n'a point ces procédés-là, jamais on n'en vit de pareils.

MADAME AMELIN

Il m'a paru que je ne pouvais marier mon neveu
chez vous, sans vous faire cette *honnêteté-là,
Madame, et je ne quitterai point que vous n'ayez
signé, qui pis est, car vous signerez.

MADAME ARGANTE

Oh ! il n'en sera rien, car je m'en vais.

MADAME AMELIN, *l'empêchant.*

Vous resterez, s'il vous plaît, le contrat ne saurait se
passer de vous. *(À Araminte.)* Aidez-moi, Madame,
empêchons Madame Argante de sortir.

ARAMINTE

Tenez ferme, je ne plierai point non plus.

MADAME ARGANTE

Où en sommes-nous donc, Mesdames, ne suis-je
pas chez moi ?

ÉRASTE, *à Madame Amelin.*

Eh ! à quoi pensez-vous, Madame ? Je mourrais
moi-même plutôt que de signer.

MADAME AMELIN

Vous signerez tout à l'heure, et nous signerons tous.

MADAME ARGANTE

Apparemment que Madame se donne ici la comédie au défaut de celle qui lui a manqué.

MADAME AMELIN, *riant.*

Ah! ah! ah! Vous avez raison, je ne veux rien perdre.

LE NOTAIRE

Accommodez-vous donc, Mesdames, car d'autres affaires m'appellent ailleurs. Au reste, suivant toute apparence, ce contrat est à présent inutile, et n'est plus conforme à vos intentions, puisque c'est celui qu'on a dressé hier, et qu'il est au nom de Monsieur Éraste et de Mademoiselle Angélique.

MADAME AMELIN

Est-il vrai? Oh! sur ce pied-là ce n'est pas la peine de le refaire, il faut le signer comme il est.

ÉRASTE

Qu'entends-je?

MADAME ARGANTE

Ah! ah! j'ai donc deviné, vous vous donniez la comédie, et je suis prise pour dupe : signons donc. Vous êtes toutes deux de méchantes personnes.

ÉRASTE

Ah! je respire.

ANGÉLIQUE

Qui l'aurait cru! Il n'y a plus qu'à rire.

ARAMINTE, *à Madame Argante.*

Vous ne m'aimerez jamais tant que vous m'avez haïe. Mais mes quarante ans me restent sur le cœur, je n'en ai pourtant que trente-neuf et demi.

MADAME ARGANTE

Je vous en aurais donné cent dans ma colère, et je vous conseille de vous plaindre, après la scène que je viens de vous donner !

MADAME AMELIN

Et le tout sans préjudice de la pièce de Merlin.

MADAME ARGANTE

Oh ! je ne vous le disputerai plus, je n'en fais que rire, je soufflerai volontiers les acteurs, si l'on me fâche encore.

LISETTE

Vous voilà raccommodés, mais nous...

MERLIN

Ma foi, veux-tu que je te dise, nous nous régalions nous-mêmes dans ma * parade pour jouir de toutes vos tendresses.

COLETTE

Blaise, la tienne est de bon * acabit, j'en suis bien contente.

BLAISE, *sautant.*

Tout de bon ? baille-moi donc une petite friandise pour ma peine.

LISETTE

Pour moi, je t'aime toujours, mais tu me le paieras, car je ne t'épouserai de six mois.

MERLIN

Oh ! Je me fâcherai aussi, moi.

MADAME ARGANTE

Va, va, abrège le terme, et le réduis à deux heures de temps. Allons terminer.

BIBLIOGRAPHIE

Sur le théâtre au XVIIIe siècle.

LAGRAVE H., *Le Théâtre et le public à Paris de 1715 à 1750*, Klincksieck, 1972.

ROUGEMONT (Martine de), *La Vie théâtrale en France au XVIIIe siècle*, Champion, 1988.

Deux livres essentiels, auxquels on accédera commodément par le *Que sais-je?* de :

LARTHOMAS P., *Le Théâtre en France au XVIIIe siècle*, PUF, 1980.

Sur Marivaux.

COULET H. et GILOT M., *Marivaux. Un humanisme expérimental*, Larousse, 1973.

LAGRAVE H., *Marivaux et sa fortune littéraire*, Ducros, 1970.
Excellentes initiations, qui ne dispensent pas de lire les *Journaux et œuvres diverses*, édités par Deloffre F. et Gilot M., Garnier, 1969.

Trois études surplombent le panorama critique :

COULET H., *Marivaux romancier. Essai sur l'esprit et le cœur dans les romans de Marivaux*, Colin, 1975.

DELOFFRE F., *Une préciosité nouvelle : Marivaux et le marivaudage*, Colin, 1955, rééd. 1967.

GILOT M., *Les Journaux de Marivaux. Itinéraire moral et accomplissement esthétique*, Univ. de Lille III, 1974.

Sur le théâtre.

Éditions :
Théâtre complet, par Deloffre F., Garnier, 1968, 2 vol.

Études.
BONHÔTE N., *Marivaux ou les machines de l'opéra. Étude de
    sociologie de la littérature,* L'Âge d'homme, 1974. (Échec
    du livre, ou échec de la sociologie de Lucien Goldmann ?)
DEGUY M., *La Machine matrimoniale ou Marivaux,* Galli-
    mard, 1981, rééd. 1986, coll. Tel. (Séduisant et irritant.)
DORT B., « *À la recherche de l'amour et de la vérité : esquisse
    d'un système marivaudien* », *Les Temps modernes,* 1962,
    repris dans *Théâtre public,* Seuil, 1967. (Par un maître des
    études dramaturgiques.)
LACANT J., *Marivaux en Allemagne. Reflets de son théâtre
    dans le miroir allemand,* Klincksieck, 1975. (Instructif
    dépaysement.)
PAVIS P., *Marivaux à l'épreuve de la scène,* Pub. de la
    Sorbonne, 1986. (Va-et-vient théorico-pratique, sous
    forme de doctorat d'État, entre textes et mises en scène.
    Stimulant.)
Théâtre en Europe, n° 6, avril 1985, dossier sur Marivaux,
    pp. 20-96 (textes de critiques, de metteurs en scène, de
    comédiens, avec de nombreuses illustrations).

Sur « La Dispute ».

Chéreau. Les Voies de la création théâtrale, XIV, coll. *Les Arts
    du spectacle,* éd. du C.N.R.S., 1986.
TREATT-CHÉREAU, Liko, 1984.
DORT B., *Théâtre en jeu,* Seuil, 1979.
PAVIS P., *Marivaux à l'épreuve de la scène,* 1986 (contient un
    long chapitre, dit sémiotique, sur *La Dispute* de Chéreau).
SEMPÉ J.-C., « *La Dispute* », *ou Le miroir infidèle,* Études
    freudiennes, 1979, n° 11-12.

CHRONOLOGIE

1682 : Mariage de Nicolas Carlet, écrivain de la marine, et de Marie-Anne Bullet, sœur de Pierre Bullet, « architecte des bâtiments du roi ».

1688 : Naissance à Paris, le 4 février, de Pierre Carlet. De 1688 à 1697 son père est à l'armée, en Allemagne, comme « trésorier des vivres ». En 1698, il achète l'office de « contrôleur contre-garde » de la Monnaie de Riom, dont il devient directeur en 1704.

1710 : Marivaux s'inscrit à l'École de droit de Paris.

1712 : Il s'installe définitivement à Paris, et renonce au droit. Publication, à Paris et à Limoges, de sa première pièce, *Le Père prudent et équitable*. En avril, il soumet aux censeurs son premier roman, *Les Effets surprenants de la sympathie*, et, en décembre, *Pharsamon ou les Nouvelles Folies romanesques*.

1713-1714 : Publication des *Effets surprenants*, de *La Voiture embourbée*, « roman impromptu », et du *Bilboquet*, apologue allégorique. Composition du *Télémaque travesti*, qui ne paraîtra qu'en 1736.

1716 : Publication de l'*Homère travesti ou l'Iliade en vers burlesques*, parodie de l'*Iliade* de La Motte. L'épître dédicatoire est signée Carlet de Marivaux.

1717 : Mariage avec Colombe Bologne, orpheline de bonne famille, née à Sens en 1683. D'août 1717 à août 1718, *Le Nouveau Mercure* fait paraître ses *Lettres sur les habitants de Paris*.

1719 : Naissance de sa fille, Colombe-Prospère, et mort de son père, dont il sollicite la charge. Sa requête n'est pas agréée. De novembre 1719 à avril 1720, *Le Nouveau Mercure* publie ses *Lettres contenant une aventure*.

1720 : Le 3 mars, au Théâtre-Italien (T-I), *L'Amour et la Vérité*, comédie en trois actes (une représentation), et, le 17 octobre, *Arlequin poli par l'amour*, comédie en un acte, qui a du succès. Sa tragédie *La Mort d'Hannibal* échoue au Théâtre-Français (T-F) le 16 décembre (trois représentations). La faillite de Law anéantit la dot de sa femme.

1721 : Licencié en droit. De juillet 1721 à octobre 1724, il fait paraître *Le Spectateur français*, à l'imitation du *Spectator* de Steele et Addison : vingt-cinq feuilles au total.

1722 : Le 3 mai, *La Surprise de l'amour*, comédie en trois actes (T-I).

1723 : Le 6 avril, *La Double Inconstance*, comédie en trois actes (T-I), assoit sa réputation et celle de sa comédienne favorite, Silvia. Mort probable (ou en 1724) de sa femme.

1724 : *Le Prince travesti*, le 5 février (après un début difficile), et *La Fausse Suivante*, le 8 juillet, remportent un grand succès au T-I. *Le Dénouement imprévu*, comédie en un acte (T-F), ne réussit guère.

1725 : Succès éclatant de *L'Île des esclaves*, comédie en un acte (T-I), créée le 5 mars, jouée à la Cour le 13, publiée en avril. *L'Héritier de village*, en un acte (T-I), le 19 août, réussit moins.

1726 : Début de la rédaction de son roman *La Vie de Marianne*, dont il demande l'approbation en 1727. Représentation à la Cour de *La Surprise de l'amour*, de *La Double Inconstance*, de *L'Île des esclaves*.

1727 : De mars à juillet, Marivaux publie les sept feuilles d'un nouveau journal, *L'Indigent philosophe*. Le 11 septembre, *Les Petits Hommes ou l'Île de la raison*, comédie en trois actes, échoue devant le public du Français, qui boude aussi d'abord *La Seconde Surprise de l'amour* (T-F, 31 décembre).

1728 : *Le Triomphe de Plutus* (T-I, 22 avril), allégorie satirique en un acte, réussit assez bien. Approbation du premier livre de *La Vie de Marianne*.

1729 : *La Nouvelle Colonie ou la Ligue des femmes*, comédie en trois actes (T-I), tombe le 18 juin et n'est plus connue que par un résumé du *Mercure* et par la version en un acte publiée en 1750.

1730 : *Le Jeu de l'amour et du hasard*, comédie en trois actes (T-I), est créée le 23 janvier, et jouée à la Cour le 28.

1731 : Publication du premier livre de *La Vie de Marianne*. Le Français représente le 5 novembre *La Réunion des amours*, allégorie en un acte.

1732 : Le 12 mars, *Le Triomphe de l'amour*, comédie en trois actes (T-I), déconcerte le public parisien, mais charme la Cour le 15. *Les Serments indiscrets*, la seule comédie de Marivaux en cinq actes, est sifflée le 8 juin au Théâtre-Français, mais *L'École des mères* (un acte, T-I) réussit fort bien malgré la morte saison (25 juillet).

1733 : Voltaire attaque Marivaux (son seul concurrent au théâtre) dans *Le Temple du goût*. *L'Heureux Stratagème* (trois actes, T-I) confirme le succès de Marivaux.

1734 : Publication de la seconde partie de *La Vie de Marianne*, des onze feuilles du *Cabinet du philosophe* (janvier-avril) et des quatre premières parties du *Paysan parvenu*. *La Méprise* (un acte, T-I, le 16 août) et *Le Petit-Maître corrigé* (trois actes, T-F, le 6 novembre) échouent pareillement.

1735 : Cinquième et dernière partie du *Paysan parvenu*, troisième partie de *La Vie de Marianne*. Grand succès de *La Mère confidente* (trois actes, T-I, le 9 mai).

1736 : Marivaux rejette la paternité du *Télémaque travesti*, publié par un libraire hollandais. Publication des quatrième, cinquième et sixième livres de *La Vie de Marianne*. *Le Legs*, comédie en un acte (T-F, le 11 juin), reçoit un accueil médiocre.

1737 : Publication de *Pharsamon* et des septième et huitième parties de *La Vie de Marianne*. *Les Fausses Confidences*, comédie en trois actes (intitulée jusqu'en 1738 *La Fausse Confidence*), est peu appréciée par le public des Italiens, avant de s'imposer l'année suivante.

1738 : Le 7 juillet, *La Joie imprévue*, comédie en un acte, accompagne une reprise, couronnée de succès, des *Fausses Confidences* (T-I).

1739 : *Les Sincères,* comédie en un acte (T-I), ne confirment pas le succès de la première représentation (13 janvier). Mort de Thomassin, l'Arlequin des pièces de Marivaux.

1740 : Le 19 novembre, grande réussite de *L'Épreuve* (un acte, T-I).

1741 : *La Commère,* tirée du *Paysan parvenu,* destinée aux Italiens (un acte).

1742 : Marivaux est élu (contre Voltaire) à l'Académie française, dont il deviendra un membre assidu. Il retouche *Narcisse,* comédie de Jean-Jacques Rousseau. Mise en vente des livres IX, X et XI de *La Vie de Marianne.*

1744 : Lecture à l'Académie de ses *Réflexions sur le progrès humain.* De 1744 à 1755, il fera sept autres lectures publiques d'ordre philosophique et moral. *La Dispute,* comédie en un acte (T-F), est retirée dès la première représentation (19 octobre).

1745 : Colombe-Prospère de Marivaux, dotée par le duc d'Orléans, entre au couvent. Elle y mourra en 1788.

1746 : *Le Préjugé vaincu,* comédie en un acte, atteint sept représentations au Français (6 août).

1747 : Publication en Allemagne, à Hanovre, d'une traduction de pièces de Marivaux.

1748 : À la mort de Mme de Tencin, qui l'affecte, Marivaux fréquente le salon de Mme Geoffrin.

1754 : *Le Mercure* publie *L'Éducation d'un prince,* dialogue politique.

1755 : Le 20 janvier, à la Cour de Gotha, le duc de Weimar tient le rôle d'Iphicrate dans *L'Île des esclaves.* Le 24 août, on crée *La Femme fidèle,* comédie en un acte, sur un théâtre privé.

1757 : *Le Mercure* de mars publie *Félicie,* que Marivaux n'avait pas l'espoir de voir représenter par les Comédiens-Français. *Le Conservateur* de novembre fait paraître *Les Acteurs de bonne foi* et annonce *La Provinciale* (publiée par *Le Mercure* en 1761).

1758 : Le 20 janvier, Marivaux, malade, rédige son testament.

1763 : Il meurt le 12 février rue de Richelieu. La vente de ses biens produit 3 501 livres 8 sols 6 deniers.

GLOSSAIRE

Acabit : Bonne ou mauvaise qualité d'une chose, surtout des fruits.

Accommoder (s') : Se faire une raison, s'en arranger.

Aimable : Digne d'être aimé.

Aise (être bien) : Se réjouir.

Amuser (s') : Perdre le temps. Distraire.

Bourgeoise : « On appelait bourgeois de campagne ou bourgeois de village les membres d'une classe intermédiaire entre les paysans et la noblesse, et composée de gens de justice (baillis, procureurs fiscaux), d'artisans, de laboureurs enrichis, etc. » (Deloffre, éd. citée.)

Bouter : Mettre (vieilli).

Bridé : Tenu en bride, donc tenu à la discrétion.

Chambrière : Domestique (péjoratif).

Chance : Conter sa chance : « Conter ses aventures, sa bonne ou sa mauvaise fortune » (Furetière). A-t-il aussi le sens d'En conter (faire sa cour) dans Ep., sc. 2 ?

Chanceux : Qui a bonne ou mauvaise fortune (populaire). Emploi ironique dans A.B.F., sc. 4.

Cœur : Fierté, dignité (Ep., sc. 16).

Comme quoi : Condamné par l'Académie et réservé au style familier.

Conditionné : Fait avec les qualités requises.

Conter (en) : Courtiser, cajoler.

Déchirer : Noircir la réputation de quelqu'un.

Drès que : Dès que dans la langue paysanne.

Écus : Les 200 000 écus d'Araminte (A.B.F., sc. 9) représentaient six cent mille francs, rapportant effectivement, à 5 %, 30 000 livres de rentes (soit environ 450 000 francs actuels par an).

Entêtement : Le fait d'être fortement prévenu en faveur de quelqu'un ou quelque chose.

Équipage : Manière dont une personne est vêtue (familier).

Établir : Mettre dans un état, et spécialement marier une jeune fille. Établissement peut se dire d'un homme (Ep., sc. 6).

Étonner : Déconcerter.

Finement : Adroitement.

Finesse : Délicatesse, ingéniosité, subtilité.

Flatter : Causer une vive satisfaction.

Fouler : Au figuré : opprimer par des exactions.

Friand : Qui aime à manger quelque chose de bon.

Gaillard : « Enjoué, qui ne demande qu'à rire et faire rire » (Furetière). Peut se dire d'une chose (Ep. sc. 13). A aussi le sens de « licencieux, hardi » (Ep. sc. 1).

Garmain : Germain.

Gloire : Orgueil.

Glorieux : Vain, superbe.

Grue : « Se dit figurément de ceux qui sont stupides » (Furetière).

Himeur : Déformation d'humeur.

Honnête : Honorable (Ep., sc. 2) ; civil, poli (Ep. 16).

Honnêteté : Manière d'agir polie.

Itou : De même, aussi (familier).

Joli : Un joli homme est un homme à la mode.

Langoureux : Qui marque de la peine, du souci.

Libertinage : Débauche.

Maine : Déformation de mine.

Malhonnête : Incivil, impoli.

Malice : Finesse, artifice, méchanceté.

Méconnaître (se) : Faire le fat et le glorieux.

Merci de ma vie : Juron de femme.

Mouvement : « Il se dit [...] des différentes impulsions, passions ou affections de l'âme » (Acad.). « Terme essentiel du vocabulaire de Marivaux, qui demeure cependant relativement rare dans son théâtre avant 1730. Chez lui, il s'agit d'impulsions immédiates, ultra-rapides, qui transparaissent parfois dans l'attitude extérieure, tout en échappant parfois à la conscience du sujet » (H. Coulet et M. Gilot, édition du *Prince travesti* et du *Triomphe de l'amour*, Champion).

Naturellement : Par inclination naturelle.

Nicodème : Nigaud.

Obstiner : Rendre opiniâtre.

Originairement : Dans l'origine.

Original : « Écrit dont on tire une copie. Qui n'est copié sur aucun modèle, sur aucun exemplaire du même genre. Singulier. Qui a quelque chose de ridicule. » (Extrait de Richelet, 1780).

Parades : Farce très appuyée (A.B.F., sc. 10), ou petite comédie de société (A.B.F., sc. 13).

Particulier : Singulier, étonnant.

Philosophe : « Celui qui s'applique à la recherche des principes et des causes » (Littré).

Piquet : Dans le piquet à trois, ou piquet-voleur, deux joueurs ont intérêt à se liguer contre celui qui dispose du jeu le moins fort.

Pistoles : Monnaie d'or. La pistole valait dix livres ou dix francs (à multiplier par quinze environ en francs actuels).

Rebuter : Rejeter.

Recommander : Prier de donner ses soins à...

Renoncer : Renier.

Reste (de) : Plus qu'il n'en faut.

Revendre : « Figuré et familier, en revendre, attraper » (Littré).

Revirer (se) : Reporter ses vues sur.

Roger-Bontemps : Une personne qui vit sans aucune espèce de souci.

Stapendant : Déformation de Cependant.

Vartigo : Vertigo : maladie du cheval qui le fait chanceler. Figure et familier : caprice, fantaisie.

Vert : Prendre quelqu'un sans vert : le prendre au dépourvu.

Visionnaire : Qui a des idées folles et extravagantes.

Une fois : Pose un fait, comme Au moins, Une bonne fois.

Uni : Simple, sans façon.

TABLE

GF Flammarion

06/07/123739-VII-2006 – Impr. MAURY Eurolivres, 45300 Manchecourt.
N° d'édition LO1EHPNFG0616A015. – Mars 1991. – Printed in France.